DIE VERFÜGUNGSBESCHRÄNKUNGEN DES VERPFÄNDERS

BESONDERS IN DEN PAPYRI

MIT EINEM ANHANG:

EINE UNVERÖFFENTLICHTE BASLER PAPYRUSURKUNDE

VON

ERNST RABEL

LEIPZIG
VERLAG VON VEIT & COMP.
1909

FESTSCHRIFT DER UNIVERSITÄT BASEL

DIE VERFÜGUNGSBESCHRÄNKUNGEN DES VERPFÄNDERS BESONDERS IN DEN PAPYRI

MIT EINEM ANHANG:

EINE UNVERÖFFENTLICHTE BASLER PAPYRUSURKUNDE

VON

ERNST RABEL

LEIPZIG
VERLAG VON VEIT & COMP.
1909

Druck von Metzger & Wittig in Leipzig.

FESTGABE

ZUR FÜNFHUNDERTJAHRFEIER
DER UNIVERSITÄT LEIPZIG

DARGEBRACHT

VON DER UNIVERSITÄT BASEL

QUOD FELIX FAUSTUMQUE SIT

INCLUTAE
UNIVERSITATI LITTERARUM
LIPSIENSI

QUAE

FRIDERICI BELLICOSI SAXONIAE ELECTORIS AUSPICIIS
CONDITA

PER QUINQUIES CENTENOS ANNOS CREBRIS VIRIUM
LAUDISQUE INCREMENTIS AUCTA

FELICISSIMO SUCCESSU OMNIUM DOCTRINARUM STUDIA
FOVIT ET ALUIT

GLORIOSO REGNI SAXONICI DECORI RATIONIS ET
HUMANITATIS PROPUGNATRICI

QUAE INNUMERABILIUM ET GERMANORUM ET
PEREGRINORUM MAGISTRA BENIGNISSIMO SEMPER
HELVETIOS EXCEPIT HOSPITIO

INITIA SEXTI SAECULI

AUSPICATISSIMA

CONGRATULANTUR

UNIVERSITATIS BASILIENSIS

RECTOR ET SENATUS

BASILEAE MENSE IULIO

MCMIX

DIE VERFÜGUNGSBESCHRÄNKUNGEN DES VERPFÄNDERS

Die Korrekturen der vorliegenden Arbeit hat, trotzdem die Zeit dafür sehr knapp bemessen war, Josef Partsch in freundschaftlicher Opferwilligkeit mitgelesen, und seine sachkundige kritische Teilnahme förderte den Abschluß mannigfach. Ebenso erfreute ich mich bei der Drucklegung der liebenswürdigen Unterstützung Hans Lewalds. Beiden Freunden sage ich meinen wärmsten Dank.

E. R.

Inhalt.

Auf der Arbeitstafel der rechtshistorischen Forschung läuft noch immer ein meistenteils recht breiter Strich zwischen der Antike und dem germanischen Mittelalter. Ringsum zur Seite liegen in einem kaum dämmerhaft beleuchteten Kreise die rechtlichen Schicksale der übrigen Völker. Wen reizt es nicht, in Gedanken das Geschiedene zu vereinigen, die Trennung der Romanistik und Germanistik zu heben, beide in der einheitlichen Disziplin der Gesamtrechtsgeschichte aufzulösen, welche selber das Recht erst richtig in die Erlebnisse der Menschheit einordnen könnte? Ein schöner Traum, aber für uns nur ein Traum. Wer heute auch nur römisches und deutsches Recht den gleichen Personen der Rechtslehrer zuweisen will, täuscht sich über die Schwierigkeiten und den Umfang dessen, was noch im deutschen, aber auch im römischen und zumal im eigentlich neu entdeckten griechischen Recht zu leisten ist. Noch ist es lange nicht die Zeit, wo der große Ruf zur Sammlung erschallen darf, noch müssen wir getrennt die Wege suchen, noch winkt nicht einmal von fern das gemeinsame Ziel — die sämtliche erreichbare Rechte zusammenfassende und verarbeitende Universalrechtsgeschichte.

Eines jedoch, das in jener Zukunftswissenschaft dereinst seine volle Entfaltung feiern müßte, lebt heute schon. Bescheiden und vorsichtig sich regend wirkt zwischen den getrennten Lagern die Rechtsvergleichung Erfreuliches. Sie darf vorerst nur dienender Bote sein, die Stafette, die von der einen Marschkolonne zur andern fliegt, und der Kundschafter, der die gangbaren Pfade ermittelt, ein Bringer helfender, aufklärender, anfeuernder Nachrichten.

Künftig einmal wird die historische Rechtsvergleichung und mit ihr die Gesamtrechtsgeschichte ihre oberste Spitze in einem philosophischen Teile haben, in einer allgemeinen Theorie der Rechtserscheinungen als abstrakt betrachteter Erzeugnisse und Hebel der Kultur, einer Darlegung der Kausalität im Entstehen und Wirken des Rechts. Dieser Teil wird sich von der Rechtsgeschichte absondern und der Rechtsphilosophie einordnen lassen, wie die Soziologie, die Wissenschaft von den typischen Gesellschaftserscheinungen, sich von der Geschichte abhebt und in die allgemeine Geschichtsphilosophie hineinfällt. Zu einer solchen Kunde von dem Gesetzmäßigen, Rhythmischen, Typischen der Rechtsbildung sind noch nicht mehr als vereinzelte Anfänge vorhanden, und bestenfalls bleibt sie für absehbare Zeit ein Gebiet für sich, von dessen Früchten die Rechtshistoriker sich nähren dürfen, wie von den Ergebnissen aller Nachbarwissenschaften, zu dessen Bebauung sie aber nur die Saatkörner liefern und nicht die Arbeitskräfte beistellen können.

Die Rechtsvergleichung der nächsten Zukunft dagegen ist nicht, wie man noch oft und mit tadelndem Blick anzunehmen scheint, ein Gegensatz zur spezialforschenden Geschichte, sondern die Geschichte der Volksrechte und Rechtsgemeinschaften selber, insoweit sie sich der komparativen Methode bedient. Ihrer kann niemand mehr entraten. Auf Vergleichung beruht es schon, wenn wir den Geltungsbereich der Rechtssätze untersuchen, z. B. in den Papyri, beim syrisch-römischen Rechtsbuch enchorisches, griechisches und römisches Recht sondern, und wenn wir den Umfang der Rechtseinheiten feststellen, z. B. ein gemeindeutsches oder ein gemeingriechisches Recht annehmen, die es beide niemals anders gegeben hat, als in dem Geiste der Stammesrechte, demnach bloß so, „wie es eine deutsche Sprache gegeben hat, zu einer Zeit, da nur gotisch, angelsächsisch usw. gesprochen wurde“ (Heusler). Die Komparation bezweckt, Verwandtschaft und Verschiedenheit in den Rechtssätzen und Einrichtungen zu erkennen und die ersteren nach drei Richtungen zu prüfen, auf gemeinsame Vererbung von einem Muttervolk, auf Einwirkung des einen Rechtskomplexes auf den anderen, und endlich auf Faktoren, die in beiden Rechtsgebieten unabhängig tätig geworden sind. Eine Zeitlang suchte man fast nur in der ersten Richtung allein; Leists Rechtsgeschichte des angeblichen gräco-italischen Volks und Jherings Vorgeschichte der Indoeuropäer zeigen, daß gerade sie die hoffnungsloseste ist. Viel dankbarer ist die Erhellung der Rechtsrezeptionen, an denen es wohl nirgends fehlte, und am gewinnbringendsten wenn auch voll Hindernissen, da niemals dasselbe sich verschiedenen Orts ganz gleich wiederholt, die Zurückführung ähnlicher Normen auf ähnliche Kulturbedingungen.

Zweifellos stehen wir auch alledem gegenüber erst am Anfang. Wir bleiben zunächst fast stets im engsten Gebiete des einzelnen Rechts. Der Methode nach ist uns die Vergleichung vorläufig weniger Zweck als Hilfe. Wir lassen uns von ihr die uns verloren gegangenen primitiven Gedankengänge wieder eröffnen, die Fragestellungen anregen, die Phantasie beleben, nachdem wir längst der spielenden, subjektiven Hypothesen müde geworden sind. Die Vergleichung macht uns nicht unwissenschaftlicher, falls sie nicht ganz wild betrieben wird; im Gegenteil. Freilich aber sind wir einstweilen auch dem Stoffe nach ungemein beengt. Selbst das sprachlich schon erschlossene Material so vieler hochkultivierter Völker, namentlich Vorder- und Hinterasiens, erweitert zwar unser Wissen auf mannigfache Art, fordert jedoch für die feinere juristische Ausbeutung sprachliche Kenntnisse, die in Europa heutzutage höchst selten ein Jurist aufbringt. Es ist ein wahres Glück, daß sich nun wenigstens, obgleich natürlich auch mit viel Gefahren, den Romanisten und Gräzisten das mit so gewaltigem Eifer und Erfolg erkundete germanische Recht zum Vergleichsgegenstand anbietet. Der Mittelschul- und Universitätsunterricht und die Kräfte des lebenden Rechts rücken uns diesen Stoff am nächsten heran. Römisches, griechisches und deutsches Recht gehören uns eben vermöge der ganzen Vergangenheit unserer Kultur in anderem Sinn und höherem Maß, als alle übrigen Rechte. Es ist die natürliche Entwicklung, wenn die rechtsgeschichtliche Wissenschaft zunächst diese drei Rechtsgebiete erforscht und vergleicht und von da aus in die Weite strebt, immer neuen Inhalt und neue Denkformen suchend.

Die Forschungen der letzten Jahre rechtfertigen die Behauptung, daß die Verwandtschaften zwischen dem deutschen und dem griechischen Recht außerordentlich weit reichen und ihre Beachtung zu unvergleichlich größeren Ergebnissen führen wird, als die lang mühselig erquälte isolierende Gegenüberstellung der Römer und Griechen. Denn bei den Germanen erscheinen uralte Vorstellungen in dauerhafter Macht, die bei den geschichtlichen Hellenen noch in deutlichen Spuren fortlebten, bei den Römern aber gar nicht oder nur andeutungsweise erhalten sind. Die Papyrusurkunden der Ptolemäer- und ersten Kaiserzeit aber zeugen, sei es wegen der Beständigkeit des Formularstils, sei es infolge des Einflusses des ägyptischen Elements, noch viel mehr als die Denkmäler Altgriechenlands von alten, den deutschen verwandten Anschauungen. Vielleicht wird demnächst die Heranziehung des demotischen und keilschriftlichen Materials das wichtigste Erfordernis sein. Aller Mängel bewußt, kann man jetzt doch nicht oft und nicht nachdrücklich genug für die Bearbeitung des Papyrusmaterials die Verwertung der deutschrechtlichen Forschungen empfehlen, wenn auch mit dem selbstverständlichen Zusatz, daß uns Fehler in der Erfüllung dieser schwierigen und heiklen Aufgabe nicht allzu übel vermerkt werden mögen. Man kann nur auch umgekehrt wünschen, daß die Germanisten sich zur Berichtigung unserer Arbeiten und zur eigenen Berücksichtigung der neuen Urkundenschätze entschließen, mag ihnen gleich, was wir Schätze nennen, als ein kümmerliches Erbe erscheinen. Würden sie doch vieles uns Rätselhafte mit weit geübteren Blicken ansehen.

Zum Interessantesten gehört die auffallende Übereinstimmung der Vertragsformulare in den Papyri und derer des fränkischen und deutschen Mittelalters, auf welche ich bereits vorlängst und seither des öfteren hinweisen durfte. Sie ist ebenso offenkundig als ihre historischen Gründe dunkel: Rezeption des Urkundenstils, Gleichartigkeit der Grundanschauungen, der Gesellschaftsverfassung, Wirtschaftsverhältnisse, was hiervon und was hat am meisten gewirkt? Nur umfassende Mitarbeit aller Beteiligten kann das aufklären. Sehr weitreichende Parallelen stellen sich nun auch bei den pfandrechtlichen Urkunden heraus.[1] Und einen besonders merkwürdigen Punkt gestatte man mir hier hervorzuheben und in der soeben mit Bedauern eingeschränkten komparativen Betrachtungsweise zu erörtern. Es ist das in beiden Rechtskreisen auftretende Verbot gegen den Verpfänder, über die Pfandsache zu verfügen. Der römische Quellenbereich bietet zu dieser den modernen Beurteiler frappierenden Erscheinung ein einziges Seitenstück. In der berüchtigten Marcianstelle D. 20, 5 l. 7 § 2 ist nach dem, insofern durch die Basiliken 25, 7, 7 bestätigten Wortlaut der Florentina von dem Fall die Rede: si pactum sit a creditore, ne liceat debitori hypothecam vendere vel pignus. Die Papyri der Römerzeit liefern jetzt den Beweis, daß solche pacta etwas ganz Gewöhnliches waren, während die andere Verabredung, die man oft lieber im Text gesucht hat: si pactum sit a d e b i t o r e, ne liceat c r e d i t o r i ... vendere noch mit keiner Urkunde sicher zu belegen ist. Es liegt am nächsten, daß Marcian eben derartige Urkunden, wie sie uns nunmehr bezeugt sind, behandelt hat, und am ehesten wird dieser Jurist des

[1] Darauf machte ich vor zwei Jahren aufmerksam, Ztschr. d. Savigny-Stift. Rom. Abt. 28, 369 N. 4; 365 oben.

3. Jahrhunderts an den Fall der Hypothek gedacht haben, von dem auch der Text zunächst spricht (ohne daß man übrigens die nachhinkenden Worte vel pignus vielleicht gerade für interpoliert halten muß). Keinesfalls spricht etwas für die kürzlich von Krückmann[1] angedeutete Vermutung, der Gläubiger habe sich im Falle des Marcian statt des Verkaufsrechts nur das Recht, „die Veräußerung des Schuldners zu genehmigen", vorbehalten; denn davon wissen unsere Urkunden nichts. Auch denkt Krückmann vor allem an ein pignus der älteren Art, und demnach an stadtrömische Verhältnisse. Ich bestreite nicht, daß das Depositalpignus sich mit Veräußerungsverboten recht gut vertragen haben könnte, aber die Marcianstelle gibt zur Verfolgung eines solchen Gedankens keinen rechten Anlaß.

Leider ist es, wie jetzt wohl allgemein anerkannt wird, völlig unmöglich, in die angebliche Marcianische Entscheidung: certum est nullam esse venditionem, ut pactioni stetur einen vernünftigen Sinn zu bringen. Denn es bleibt unerfindlich, welchen Vorteil ein Hypothekargläubiger, der mit der actio hypothecaria gegen jeden Drittbesitzer vorgehen konnte, von der Behauptung ziehen mochte, der Erwerber entbehre des Titels. Von weitem taucht heutzutage gewiß die Frage auf, ob Marcian sich etwa eine provinziale Praxis aneignet. Doch bei unseren Vorstellungen vom klassischen Juristenwerk genügt die Stellung der Frage,[2] um sie zu verwerfen. Ganz echt kann der Text schon nach seiner sprachlichen Beschaffenheit nicht sein. So ist einstweilen die Annahme Fabers und Lusignanis, die Byzantiner hätten

[1] Arch. f. zivilist. Prax. 103, 291 f.

[2] Neubecker, Z. d. S.-St. 20, 283 hat, ohne noch die Papyri zu kennen, vermutet, in der Stelle „komme griechisches Recht zum Ausdruck". Aber wird der Römer einen griechischen Tatbestand rein griechisch entscheiden? Vgl. zu dieser allgemeinen Frage Kübler, Z. d. S.-St. 29, 226.

aus fragwürdigen Gründen interpoliert, die wahrscheinlichste Erklärung.[1]

Der bei Marcian erwähnte Tatbestand selber ist an sich geeignet, das Interesse jedes Rechtshistorikers auf sich zu ziehen. So hat denn auch die deutschrechtliche Literatur den Verfügungsbeschränkungen des Verpfänders längst reichhaltige Erörterungen gewidmet, aus denen die Bearbeitung der antiken Parallelstellen viel nutzbringende Anregungen entnehmen darf. Freilich muß ich bei allem schuldigen Dank für die nun schon zum oft wiederholtenmale aus der germanischen Forschung genossene Belehrung und selbstverständlich, ohne daß darin der geringste Vorwurf begründet ist, von vornherein bekennen, daß jene Nutzbarmachung ihre nicht nur in der Verschiedenheit des Materials gelegenen Schranken hat. Auch betreffs des germanistischen Quellenkreises scheint mir das Phänomen noch nicht allseitig erklärt zu sein. Ja, es ließe sich eine noch umfassendere methodische Sammlung und Sichtung der relevanten Tatbestände denken und wünschen, als sie bisher vorliegt.

Unter solchen Umständen ist es zurzeit nicht möglich, für das spärliche grägistische Material die abschließende Erklärung zu liefern, die im sehr viel reicheren germanischen Kreis noch nicht gelungen ist. Bieten läßt sich einzig der Versuch, die Fragen zu ordnen und die Erklärungsmöglichkeiten zu nennen. Das wäre im allgemeinen für die Bemühung des Lesers, welchem überdies der Gegenstand mit verhältnismäßig großer Ausführlichkeit dargelegt werden muß, entschieden zu wenig. Es hat gewöhnlich einen sehr geringen Wert, in Vermutungen zu schwelgen, durch die man sich nicht gebunden fühlt. Trotzdem mag diesmal das Unbehagen überwunden werden, das ein unabgeklärter Stoff vor

---

[1] Lusignani, Bullettino dell' Ist. di dir. rom. 11, 26—31, mit reichhaltigem Literaturbericht. Den Hauptbeweis, den man für die Interpolationsannahme anführt, kann ich nicht ohne weiteres unterschreiben; vgl. unten S. 58 ff.

allem dem erweckt, der ihn vortragen soll; einmal wegen des erwähnten allgemeinen Interesses an den griechisch-deutschen Parallelen, sodann weil dem speziellen Thema eine nicht unbeträchtliche Bedeutung für mannigfache Fragen des Obligationen- und des Sachenrechts innewohnt. Gerade dies ist wenigstens den engeren Fachgenossen erst zu beweisen. Den verdienten Nachbarn vom deutschen Recht aber sei der Gegenstand hiermit zu erneuter Aufmerksamkeit empfohlen.

I. Altgriechisches Recht.

Die Bedenken, welche einer monographischen Behandlung unserer Fragen entgegenstehen, sind vielleicht am stärksten gegenüber der dürftigen altgriechischen Überlieferung. Doch muß der Stand unserer Kenntnis markiert werden.

Man pflegt unbedenklich zu lehren, dem griechischen Hypothekenbesteller sei es gesetzlich verboten gewesen, ohne Zustimmung des Gläubigers die Sache zu veräußern oder nochmals zu verpfänden.[1] In dieser Form ist die Behauptung nicht beweisbar. Wir haben eine Stelle des gortynischen Stadtrechts, die solches wahrscheinlich besagt, in Athen aber lautet, was die Quellen ergeben, etwas anders.

1. Gortyn X, 25:

ἄντρο[π]ον μὲ ὀνε͂θα[ι] κατακείμενον, πρίν κ' ἀρτύσεται ὁ καταθένς, μεδ' ἀμπίμολον, μεδὲ δέκσασθαι μεδ' ἐπισπένσασθαι μεδὲ καταθέθαι· αἰ δέ τις τούτον τι ϝέρκσαι, μεδὲν ἐς κρέος ἔμεν, αἰ ἀποπονίοιεν δύο μαίτυρες.

---

[1] Vgl. statt aller Cuq bei Daremberg-Saglio 3, 1, 357. Dagegen glaubt Pappulias in seinem im Drucke befindlichen Buche: *Ἡ ἐμπράγματος ἀσφάλεια κατὰ τὸ ἑλληνικὸν καὶ τὸ ῥωμαϊκὸν δίκαιον*, Teil 1, S. 122 ff., dem griechischen Recht ein dem römischen ganz analoges System zuschreiben zu dürfen: die Veräußerung war gestattet und die Sache ging auf den neuen Eigentümer belastet über. (Pappulias hat mir freundschaftlich die Aushängebogen seines belehrenden Werkes, soweit sie das altgriechische Recht betreffen, zur Verfügung gestellt, wofür ich ihm herzlich danke.)

D. h. einen verpfändeten Sklaven darf man nicht kaufen, ehe sich bereitet der Verpfänder, und einen streitigen, und nicht annehmen und nicht sich geloben lassen und nicht in Pfand nehmen. Wenn einer von diesen (Dingen) eins tut, so soll es nichtig sein, falls zwei Zeugen aussagen.

Das Verbot richtet sich unmittelbar gegen den Erwerber; doch gegen wen mittelbar, wer darf nicht veräußern, der Verpfänder oder der Pfandgläubiger? Gewißlich ist der Besitzer des verpfändeten ebenso wie derjenige des litigiosen Sklaven gemeint. Aber welcher Teil besitzt? Wir wissen nicht, ob der *ἄντροπος κατακείμενος* sich in Nutzpfand beim Gläubiger oder in Hypothek beim Pfandgeber befindet. Denn der herrschenden Meinung, welche frischweg das *κατατιθέναι* des Gortynschen Rechts mit „donner en hypothèque“ auffaßt,[1] ist entgegenzuhalten, daß im sogen. zweiten Kodex von Gortyn Col. V, VI[2] der Schuldknecht, *κατακείμενος*, bereits seine Schuld abdienend „beim Gläubiger ist“ (*παρῆι* V, 5), und daß im großen Gesetz regelmäßig Verkaufen und Verpfänden kopuliert sind,[3] wobei demnach wohl an Realgeschäfte zu denken ist; und es ist nur zuzugeben, daß der Gläubiger nach I, 55 berechtigt erscheint, den *κατακείμενος* in die Schuldknechtschaft abzuführen, was voraussetzt, daß die Selbstverpfändung vor das ducere fallen kann.[4] Ob das durch sie bewirkte Verhältnis Hypothek heißen darf, steht völlig dahin.

Überdies ist nicht einmal die Lesung des *ἀρτύσεται* sicher.[5]

---

[1] Die Herausgg. des Recueil des inscriptions juridiques grecques Bd. 1, Index p. 516 machen aber für unsere Stelle eine Ausnahme, indem sie hier nicht Hypothek, sondern Besitzpfand annehmen.

[2] Abgedruckt Recueil 1, 395 f. und bei Swoboda, Z. d. S.-St. 26, 194.

[3] VI, 4. 13 ff. 35 ff.; IX, 5 ff.

[4] Hierzu vgl. Swoboda 217.

[5] „Die vier Buchstaben (*ρτυσ*) oben in der Fuge schadhaft.“ (Bücheler.) Fabricius las *καττυν*. — Andere ergänzen jetzt mit Baunack *ἀλλύσεται*, so auch Recueil des inscr. jur. gr. 1, 384 § 61, und Blass, Griech. Dial. Inschr. 3, 2, S. 276.

Der Text bleibt daher ganz unsicher, wie Zitelmann[1] sofort sah. Natürlich hat es sachliche Bedenken, anzunehmen, der Pfandnehmer dürfe nicht verkaufen usw. „Dies Verbot erscheint, sagt Zitelmann, für die Zeit vor Fälligkeit der Schuld selbstverständlich und hat auch für die Zeit nachher keinen rechten Sinn, da aus dem Pfandrecht höchstens die Möglichkeit folgt, einen Verkauf des Pfandes, aber nicht auch jene anderen Geschäfte vorzunehmen.“ Indessen, wäre dem Gläubiger etwa verboten, bis zum Lösungstermin die ihm später zustehenden Rechte auszuüben, wobei die Weiterverpfändung durch den Pfandgläubiger eine durch Rechtsvergleichung bereits gesicherte Rolle spielen würde,[2] so wäre ein Verständnis nicht ganz ausgeschlossen. Dazu kommt, daß das Verbot sich gleichzeitig auf die streitige Sache bezieht und einige der aufgezählten verbotenen Handlungen diese allein betreffen könnten.

Dennoch möchte ich mich mit diesen Vorbehalten der verbreiteten Ansicht anschließen, wonach der Verpfänder besitzt und das Verbot ihn trifft. Es ist dies die einfachere Auslegung und wie Col. I, l. 55 zeigt, ist das *κατακεῖσθαι* doch nicht notwendig vom effektiven Besitz des Pfandnehmers abhängig. Nur ist es auch auf diesem Boden erst noch die Frage, ob der Sklave in „Hypothek“ steht. Gerade seine Gleichstellung mit dem streitigen Sklaven zeigt mehr den Gedanken einer Verfangenschaft als eines dinglichen Rechts.

Die Worte *πρὶν κ' ἀρτύσεται* sind dunkel. Doch wenn man sie, wie meist geschieht, übersetzt: ehe sich der Verpfänder bereitet, ehe er die Sache in Ordnung bringt, so ist damit kaum gemeint, daß er sich mit dem Pfandgläubiger betreffs des Verkaufs usw. verständige,[3] sondern eher, daß er den Gläubiger be-

---

[1] Bücheler-Zitelmann, Recht von Gortyn 178.

[2] Vgl. bes. die Lakritosurkunde und im übrigen Kohler, Pfandr. Forschungen 1 ff.; Puntschart, Schuldvertrag und Treugelöbnis 246 ff.

[3] So anscheinend Hitzig 108 f.

treffs der Schuld abfinden soll. Die Lesung ἀλλύσεται (ἀναλύω) ergibt dasselbe Resultat. Die Stelle läßt also nicht die unmittelbare Folgerung a contrario zu, eine mit Bewilligung des Gläubigers getroffene Verfügung sei gültig.[1]

2. Fragen wir, wie sich im sonstigen Griechenland die Hypothek zu später bestellten andern Rechten an der Sache verhielt, so wäre die Hauptstelle der bekannte Auszug aus Theophrasts Schrift über die Verträge bei Stob. Floril. 44, 22, lauteten deren Nachrichten nur nicht so unbestimmt. Einiges ist immerhin zu entnehmen. Als die vollkommensten Publizitätsvorschriften für den Grundstücksverkehr werden „die Register der Liegenschaften und Verträge" hingestellt. Aus ihnen könne der Käufer ersehen, ob das Gut frei und unbelastet sei und dem Veräußerer gehöre (§ 2). Danach wird man annehmen dürfen, daß § 1, wo vom Verkauf und auch von der Verpfändung[2] in anderen Gegenden die Rede ist, meint, die da besprochenen Maßnahmen der verschiedenen Gesetzgeber — Heroldsruf, behördliche Fertigung, öffentlicher Anschlag, Aufbietung zur Einsprache, Beiziehung der Nachbarn — wollten nicht bloß Eigentumsansprüche sondern ebenso andere bisherige Ansprüche, namentlich hypothekarische, zur Meldung herausfordern. Allein, was ist die Folge des Meldens, was die der Nichtmeldung? Der Schlußsatz des § 1 sagt uns offenbar, die Beamten oder Nachbarn seien verantwortlich, wenn durch ihre Schuld der Akt vereitelt oder zwei aufeinanderfolgende einander widersprechende Akte herbeigeführt werden. Das ergibt

---

[1] Pappulias 122 vor N. 30 neigt sogar zur Annahme, sie sei ungültig, da der verpfändete Sklave dem litigiosen gleichgesetzt ist. Doch wissen wir ja eigentlich nicht recht, was für den letzteren galt.

[2] Streng genommen, bezeugt Theophrast nur für Kyzikos und sonst für „einige" ausdrücklich, daß die Vorschriften auch für ὑποθέσεις gelten. Die herrschende Meinung verallgemeinert das aber mit Recht. So auch neuestens bedenkenlos Pappulias § 29.

noch kein klares Bild der Rechtslage. Außerdem erfahren wir bloß, bei „einigen" ergehe der öffentliche Aufruf durch fünf Tage (mit der Aufforderung), „ob jemand protestiere (ἐνίσταται) oder Ansprüche auf das Grundstück oder Haus erhebe (ἀντιποιεῖται)", und betreffs der Gruppe von Gesetzen, welcher Athen zugehört, der Kauf werde mindestens 60 Tage vorher bei der ἀρχή durch Anschlag veröffentlicht, damit wer wolle darum streiten und Protest (διαμαρτυρία)[1] anbringen könne. Dies wird für Athen durch Notizen der Grammatiker bestätigt, die sowohl die Form des Anschlags näher beschreiben, als den Zweck desselben angeben: damit, wenn jemand anfechten (αἰτιάσασθαι) wolle, er die Freiheit habe, an das λεύκωμα (Anschlagstafel) heranzugehen, Corp. Paroem. Graec. 1, 405.[2] Mit Recht wird danach angenommen, daß die Einsprache in einem Prozeß mit dem Veräußerer zu erledigen war, ehe die Veräußerung vor sich gehen konnte.[3]

War nun wirklich der Pfandgläubiger ebenso zur Einsprache berechtigt wie ein Eigentümer, und dafür sprechen in der Tat die attischen Rednerstellen, so beruht dieser ganze Vorgang offenbar auf der Vorstellung, daß auch das Pfandrecht sich nicht mit einem Drittrecht verträgt. Es ist ja gewiß zweifellos, daß ein derartiger Gedanke in den entwickelten griechischen Rechten vielerlei Einschränkungen dulden mußte. Z. B. wäre nicht einzusehen, warum eine Hypothekenübernahme mit Einverständnis des Gläubigers unzulässig gewesen sein sollte. Aber das ist dann spezielle Parteivereinbarung. Tatsache ist, daß wir bisher in den Fällen, wo uns die Zustimmung eines Pfandgläubigers zur Ver-

[1] S. Leisi, Der Zeuge im attischen Recht, 32 N. 2, 160.

[2] Wortlaut bei Beauchet, Droit privé 3, 334 N. 2. Fast wörtlich ebenso die Überlieferung bei Hesychius, v° ἐν λευκώμασιν.

[3] Über die von Hitzig, Pfandrecht 51 hierzu angerufene Inschrift von Chios vgl. Ziebarth, Woch. f. klass. Phil. 12, 285. Nach den neuen Lesungen (Michel, Recueil n. 1383; Bechtel in Griech. Dial. Inschr. 3, 2 5653 p. 702) scheint das ausgekündete πρῆχμα nicht der Verkauf der Liegenschaften sondern ein etwaiger Eviktionsprozeß zu sein.

äußerung durch den Eigentümer bezeugt ist, Verzicht des ersteren anzunehmen haben.[1] Dies gilt namentlich von dem vielbestrittenen § 37 des Kaufregisters von Tenos. Dort wird das verkaufte Grundstück als dem Philemon verpfändet bezeichnet, und dieser tritt unter den Kaufgaranten (πρατῆρες) auf. Da er damit selber die Haftung wie ein Verkäufer übernimmt,[2] so kann er nicht das Pfandrecht behalten haben.[3]

3. In den Rahmen, der sich damit von selber schafft, passen die Nachrichten der attischen Redner nicht übel,[4] freilich, wie wohl zu vermerken ist, keineswegs indem sie etwa den Aushang oder die Aushängefrist bezeugen, wohl aber mit ihren Mitteilungen über den Einspruch. Sie erhöhen damit die Wahrscheinlichkeit, daß sich das von Theophrast geschilderte προγραφή-Verfahren auch auf Pfandansprecher bezieht und berichtigen so zugleich, wie bald zu ersehen ist, die in unserer Literatur gewohnte Fragestellung, wie sie in dem eingangs erwähnten Lehrsatz zutage tritt, der Pfandeigner sei nicht sachenrechtlich veräußerungsbefugt gewesen.

a) Isae. 2, de Menecl. hered., § 28 gehört freilich nicht zu diesem speziellen Belange. Wir lernen daraus zwar, daß ein beabsichtigter Verkauf von einem angeblichen Drittberechtigten aufgehalten wurde, indem er zu verkaufen und zu kaufen verbot (διεκώλυε πραθῆναι, ἀπηγόρευε τοῖς ὠνουμένοις μὴ ὠνεῖσθαι), worauf sich zwischen ihm und dem Verkäufer ein Prozeß entspann, zunächst eingeleitet durch eine δίκη τῆς ἀπορρήσεως seitens des Verkäufers, später einverständlich durch ein Schiedsgerichts-

[1] Ich kann mich jetzt auf den Nachweis bei Pappulias S. 127 ff. berufen. Über Dem. 37, 4 u. 5 s. allerdings weiter unten.

[2] Näheres bei Partsch, Griech. Bürgschaftsrecht 1, 352.

[3] Im gleichen Sinn, wenn auch aus anderen Gründen, Pappulias 129 f. gegen die bisherige herrschende Meinung.

[4] Zur Orientierung vgl. Beauchet 3, 254. 299. 355.

verfahren ersetzt. Dagegen ist ganz sicher nicht ein Anspruch aus pfandrechtlicher Mündelsicherung (*ἀποτίμημα*) gemeint, wie die herrschende Auslegung annimmt.

Menekles soll gepachtetes Mündelvermögen zurückerstatten und will zu diesem Zweck sein Land verkaufen. Hiergegen erhebt — wie die Partei des Menekles glauben machen will, um ihm einen Tort anzutun — sein Bruder Einsprache, indem er auf einen Teil des Grundstücks Ansprüche stellt, die er — wieder angeblich — früher nie geltend gemacht hatte. Menekles ist dadurch gezwungen, den Verkauf auf den Rest des Grundstücks einzuschränken, dieser Verkauf geht offenbar anstandslos vor sich, aus dem Erlös wird der Mündel vollständig befriedigt, und nachdem letzteres geschehen ist, wird der Rechtsstreit mit dem Bruder ausgetragen und endigt mit dem Zuspruch der streitigen Parzelle an den Bruder, welcher sie noch jetzt in Besitz hat. Wie kann man da nur annehmen, der Bruder habe sein Begehren auf das Pfandrecht jenes Mündels gestützt, sei wohl gar dessen Vormund gewesen?[1] Wir wissen übrigens aus §§ 29, 34, 35, daß der Mündel 67 Minen zu fordern hatte, das verkaufte Land 70 Minen an Preis erzielte (so daß dem Menekles 3 Minen blieben, § 35) und der in Streit befindliche Teil nur etwas mehr als 10 Minen wert war, wie der sichtlich dabei möglichst hoch greifende Sprecher ihn selber bewertet. Unmöglich kann also nur letzterer Teil allein *ἀποτίμημα* gewesen sein. Dann hätte es aber keinen Sinn, daß die Einsprache namens des Mündels, die an sich zweck-

[1] So Hitzig, Griech. Pfandr. 109 f.; Beauchet 3, 254. 335 N. 4 und viele andere, neuerdings Wyse, Speeches of Isaeus 209. Ich habe mich auch selber früher täuschen lassen. — Von derselben irrtümlichen Voraussetzung aus folgert jetzt umgekehrt Pappulias 123, Menekles, der „Pfandschuldner“, habe das Pfandobjekt ohne Zustimmung des Vormunds, Vertreters des Mündels verkaufen dürfen. Es ist natürlich sehr gut möglich, daß das Land des Menekles wirklich *ἀποτίμημα* war; aber was von seiten des Vormunds oder der Behörde anläßlich des Verkaufs geschah, wissen wir nicht.

widrig wäre, sich auf diesen Teil beschränkt haben sollte; wie es jedenfalls sinnlos wäre, nach der Befriedigung noch den dinglichen Prozeß zu führen. Der Bruder muß also einen eigenen Titel angeführt haben.[1] Er tat es nach der Behauptung des Redners ohne Fug und nur, um Menekles an der Befriedigung des Mündels zu hindern, was, wenn es geglückt wäre, den „Verfall" des Grundstücks an den Mündel herbeigeführt hätte. Damit dürfte sich der Satz *ἵνα κατοκώχιμον γένηται τῷ ὀρφανῷ* genügend erklären.

b) Nicht ganz schlüssig ist ferner, wie bereits Pappulias bemerkt, Pseudodemosth. 53 c. Nicostr. § 10. Nikostrates beklagt sich darüber, daß niemand sein Grundstück kaufen oder zu Pfand nehmen wolle. *ὁ γὰρ ἀδελφὸς ὁ Ἀρεθούσιος οὐδένα ἐφη ὠνεῖσθαι οὔτε τίθεσθαι, ὡς ἐνοφειλομένον αὐτῷ ἀργυρίου.* Mag danach Arethusios ein Pfandrecht gehabt haben, so erfahren wir nicht, ob ihm dieses ein Recht zur Einsprache gab oder ob er die Erwerbslustigen nur durch Warnung abschreckte. Und hatte er ein Recht, so beruhte es vielleicht auf einem vertragsmäßigen Veräußerungsverbot.[2]

c) Hingegen möchte ich einigen Zeugniswert dem auf den ersten Blick weniger scheinbaren Beleg[3] in Dem. 27 c. Aphob. or. 1, § 27 beilegen. Aphobos hat auf die im Mündelvermögen des Demosthenes als Nutzpfand befindlichen Arbeitssklaven dem Schuldner Moeriades 500 Drachmen geliehen und offenbar dann den ganzen Arbeitsertrag als Entgelt für die Zinsen seines eigenen Darlehns in die eigene Tasche fließen lassen. Er verging sich schon durch das Pfandnehmen, denn es war *δέον αὐτὸν, εἰ καί τις ἄλλος ἐβούλετ' εἰς ταῦτα συμβαλεῖν, τοῦτον κωλύειν ἐπίτροπόν*

[1] Caillemer, Contrat de vente 657, und Dareste, Plaidoyers d'Isée p. 35 vermuten, daß die Brüder sich noch in (vielleicht partieller) Erbgemeinschaft befanden.

[2] So mit Recht Pappulias 124.

[3] Bereits von Hitzig, Pfdr. 122 N. 1 in seinem Sinn benützt.

γ' ὄντα. Hier ist eigentlich nicht gesagt, daß er nur hätte die Sklaven nicht zu weiterer Verpfändung herausgeben sollen, sondern ein aktives Verhalten ist ihm vorgeschrieben, wieder das *κωλύειν συμβάλλειν*, und wieder an den neuen Pfandgläubiger gerichtet, wie in der Isaeusstelle an die Kauflustigen. Nun handelt es sich aber hier nicht bloß um Sklaven — welche die erwähnte Grammatikernotiz „*ἐν λευκώμασιν*“ allerdings den Grundstücken gleichstellt — sondern auch um irgend eine Art Besitzpfand. Welches aktive Eingreifen konnte man da dem Gläubiger zumuten? Demosthenes nimmt vielleicht nur eine geläufige Redewendung aus dem Hypothekenrecht herüber; für dieses selber wenigstens scheint damit immerhin die vom Pfandgläubiger erwartete Tätigkeit richtig umschrieben.

d) Damit dürften leider die attischen Quellen erschöpft sein. Aus der Rede des Demosthenes gegen Pantainetos (or. 37) §§ 4, 5 soll zwar nach einer kürzlich geäußerten Ansicht direkt folgen, daß der Verpfänder ohne Einwilligung des Gläubigers verkaufen konnte, da daselbst nur einer der mehreren Mitgläubiger zum Verkauf (*ἐπὶ λύσει*) zustimme.[1] In Wirklichkeit ist aber gerade dieser letztere Gläubiger Mnesikles formal als Eigentümer legitimiert gewesen und er fungierte deshalb geradezu als „Verkäufer“.[2]

4. Außerhalb Attikas ist die Stiftung von Aigiale zu erwähnen.[3] Die Stadt soll sich von den Schuldnern, an die sie das Stiftungskapital ausleiht, „Hypotheken“ bestellen lassen. In l. 107 wird dann ohne weiteres vorausgesetzt, daß die Schuldner ihre Grundstücke verkaufen oder verpfänden können; es wird lediglich bestimmt, daß der Käufer oder Hypothekar den Zins zahlen muß, unter der gleichen Sanktion wie der Schuldner selbst. Zur aus-

---

[1] Pappulias S. 122.

[2] Darüber abschließend Partsch, Griech. Bürgschaftsrecht 1, 355 N. 1.

[3] Herausgeg. von Hiller v. Gärtringen und Ziebarth in der *Ἀρχαιολογικὴ Ἐφημερίς* 1907, 185 ff. und in Inscr. Graecae XII, 7, 515. Besprochen von Pappulias a. O. 170 ff.

reichenden Würdigung dieser Stelle muß man aber beachten, daß die Gelder hier auf ewige Rente unrückzahlbar ausgeliehen werden, also ein gefährdetes Kapital gar nicht besteht, während die Renteneingänge gerade in der erwähnten Bestimmung gesetzlich, durch das mit Volksbeschluß bekräftigte Stiftungsstatut, gesichert werden. Keineswegs folgt aus dieser Ordnung, daß auch der private Gläubiger vom Dritterwerber die Kapitalzinsen zu fordern berechtigt war; und daher sagt uns die Stelle auch nicht sicher, ob der Verpfänder normalerweise zur Veräußerung befugt war. Völlig das gleiche gilt von der Bestimmung des Reglements von Minoa (Amorgos) über die Darlehen des Heratempels[1], wonach die jeweiligen Besitzer der Pfandgrundstücke der Exekution der Göttin unterliegen sollen.

Andererseits könnte es sich jetzt am einfachsten erklären, daß nach den Tempelrechnungen von Delos a. 279 und 250 v. Chr. (Bull. Corr. Hell. 14, 391, l. 28; 27, 83) die neuen Eigentümer der dem Tempel verpfändeten Grundstücke die Zinsen zahlen. Man könnte dabei zwar auch Hypothekenübernahme unterstellen[2], aber beim Vorhandensein eines Statutes nach der Art der für die Domänenverpachtung erlassenen *ἱερὰ συγγραφή*, würde es, wenn darin eine Bestimmung wie in Aigiale gegeben war, einer solchen Übernahme gar nicht bedurft haben. Eine Geltung des romanistischen dinglichen Verfolgungsrechts[3] ist dadurch also nicht erwiesen.

Man könnte sich versucht fühlen, diesen Stellen die Zahlung seitens eines Pfandschuldners des arsinoitischen Tempels im Jahre 214/5 n. Chr., BGU 2, 362 IX, 17—20 „durch die Käufer des (verpfändeten) Hauses“ an die Seite zu setzen. Doch lehrt die Notiz gar nichts Bestimmtes.

---

[1] Ditt. Syll.[2] 645 l. 50 = IG XII 7, 237 l. 60. Übrigens stammt die Inschrift erst aus dem 1. Jahrh. v. Chr.

[2] So Hitzig, Pfdr. 114 f. und allgemein für alle Zahlungen *ὑπὲρ οἰκίας* oder ähnl. Ziebarth, Ztschr. f. vgl. Rechtswiss. 19 (1906) 275. 289 f.

[3] So Pappulias 124 und Dareste, Nouv. rev. hist. 32 (1908) 640 f.

5. Halten wir uns danach überhaupt berechtigt, aus diesem kärglichen Stoff einen Lehrsatz zu konstruieren, so wäre es am letzten der, der Verpfänder sei sachenrechtlich außerstande gewesen, über die Pfandsache zu verfügen, ein Satz, welcher überdies das Verständnis der geschichtlichen Entstehung der Nachverpfändung wesentlich erschweren würde. Vielmehr war von Gesetzes wegen der Pfandgläubiger nur zum *κωλύειν συμβάλλειν* berechtigt. Übte er dieses Recht nicht aus, so muß die zweite Verfügung mindestens bedingt gültig gewesen sein, allerdings vorausgesetzt, daß dabei die Publizitätsvorschriften beobachtet waren, oder daß trotz Theophrast § 4 a. A. die Beobachtung da oder dort nicht zur Gültigkeit der Übereignung (*κυρία ἡ ὠνὴ καὶ ἡ πρᾶσις εἰς κτῆσιν*) erforderlich war.

Soviel ist leidlich sicher. Der Einspruch des Gläubigers gegenüber dem Käufer ist uns noch aus dem Jahre 294 n. Chr. bezeugt; C. J. 8, 44, 24: (Diocl. Eutychio): „domus quam emisti tibi velut pignoris iure obligatae, ne ad emptionem accederes, denuntiatum ab aliquo",[1] wie ebenso eine Einsprache des Eigentümers, C. 3, 32, 17 Diocl.: „per denuntiationem admone(re) volentem ad emptionem accedere, quod distrahentis non fuerit." In der zweiten Stelle wird der Denuntiation die Wirkung zugeschrieben, daß sie den Erwerber schlechtgläubig macht. Dem *κωλύειν συμβάλλειν* in Athen und vielfach sonst dürfen wir aber wohl mit Beruhigung eine größere Bedeutung beimessen. Es scheint die Setzung neuer Rechte verhindert zu haben.[2] — Nur fragt sich, warum? Ist das griechische Pfandrecht so stark? Oder ist es im Gegenteil etwa so schwach, daß es eine derartige Befugnis zur Ergänzung braucht?

---

[1] Dazu Rabel, Haftung des Verkäufers 1, 83 ff.

[2] So auch die herrschende Meinung, welche freilich Nichtigkeit des Verkaufs schon mangels der „Einwilligung" des Gläubigers annimmt: Hitzig, Pfdr. 140 u. Zit.

Vielleicht im Zusammenhang damit steht der andere Zweifel: Was kann der Zweck des Aufgebots gewesen sein? Natürlich will man den Erwerber frühere Rechte kennen lehren. Das *κωλύειν συμβάλλειν* gleicht insofern der Aufstellung der Pfandsteine, *ἕνεκα τοῦ μηδένα συμβάλλειν τοῖς προκατεσχημένοις* (Bekker, Anekd. 1, p. 285 a. E.), *ὑπὲρ τοῦ μὴ ἀγνοοῦντά τινα πάλιν εἰς ὑποθήκην ἑτέραν λαμβάνειν* (Schol. ad Demosth. *κατὰ Ἀριστογ. Α*, 791, 11, Orat. attici 2, 735). Auf einem Horos, der die Ansprüche von Gesamteigentümern bekannt machen will, steht geradezu: *μὴ συμβάλλειν εἰς τοῦτο τὸ χωρίον μηθένα μηθέν.*[1] Übrigens wird man solche Steine kaum aus reiner Menschenfreundlichkeit zum bloßen Nutzen der Dritten gesetzt haben, mag sich auch die Absicht etwa darauf beschränken, den Beweis zu sichern und die bona fides Dritter auszuschließen. Vollends wirft sich die Frage auf: wie will das *προκηρύττειν* oder die *προγραφή* es erreichen, daß die Erwerber gewarnt werden, wenn die älteren Berechtigten nicht zur Meldung gezwungen sind? Dies führt auf einen Gedanken, der einigen Schriftstellern schon längst vorschwebt:[2] hat der Berechtigte durch Unterlassen des Einspruchs sein Recht verloren? Es wäre eine Verschweigung von noch rascherer Wirkung als bei der nach Jahr und Tag eintretenden rechten Gewere! So kühn aber der Einfall ist, so läßt er sich doch nicht ganz von der Hand weisen. Das fünftägige *προκηρύττειν* ergeht ja geradezu als Aufruf, ob jemand Einspruch oder Anspruch erhebe: *προκηρύττειν κελεύουσι πρὸ τοῦ κατακυρωθῆναι πένθ' ἡμέρας συνεχῶς, εἴ τις ἐνίσταται ἢ ἀντιποιεῖται τοῦ κτήματος ἢ τῆς οἰκίας.* Sollte dafür gar keine Sanktion gegolten

[1] CIAtt. 2, 1098; Hitzig, Pfdr. 72. Aus dieser beliebten Wendung stammt auch die Vorschrift des Ti. Julius Alexander: *προγράφειν ἵν[α μηδ]εὶς τῷ τοιούτῳ συμβάλλῃ.* Erst von diesem Zeitpunkt der proscriptio an wirkt die Protopraxie des Fiskus! Mitteis, RPrivR. 371.

[2] Beauchet 3, 336 im Anschluß an Platner und Caillemer, trotzdem B. in einem Atem damit behauptet, daß Veräußerung ohne Beiziehung des Gläubigers nichtig sei. Pappulias 198 verzichtet auf eine Erörterung.

haben? Doch wohl. Soll mit dem Heroldsruf ein κατακυρωθῆναι, vorbereitet werden, so wird dieses der gewöhnlichen Bedeutung nach als „Zuschlag" aufzufassen sein, so daß wir bei diesem Verfahren eine Mitwirkung der Behörde am Übereignungsakt selbst annehmen und nur höchstens zweifeln werden, ob es wirklich bei jeder ὠνή Platz griff oder nur bei öffentlichrechtlichen Auktionen; aber gerade dazu bemerkt Theophrast, dasselbe gelte von Pfandbestellungen, z. B. in Kyzikos. Demnach erfolgte wahrscheinlich jeder Erwerb unter behördlicher Vermittlung und der Ausschluß nicht angemeldeter Drittansprüche erscheint doppelt plausibel. Und wenn Theophrast von Athen sagt, das προγράφειν geschehe, ὅπως διαμφισβητῆσαί τε ἐξῇ καὶ διαμαρτύρασθαι τῷ βουλομένῳ καὶ ὁ δικαίως ἐωνημένος φανερὸς ᾖ τῷ τέλει, also damit der δικαίως ἐωνημένος τῷ τέλει, d. h. wohl für die Abgabe (nicht wie Thalheim übersetzt: durch die Abgabe), offenkundig werde, so dürfte das heißen: durch Abweisung des Einspruchs oder Unterlassung desselben erweise sich der Käufer als ein mit Rechtswirksamkeit Kaufender, nicht nur als ein in den Formen des Rechts Kaufender. Auf diesen Sinn des δικαίως oder δεόντως hat ja kürzlich Partsch hingewiesen.[1] — Ausschluß von Pfandrechten durch Ediktalaufgebot (creditores programmate admoniti) bei distractio praedii begegnet auch im Diocletianischen Recht, C. 8, 25, 6, freilich bei Versteigerung durch den Fiskus, wo sich der auch bei den Griechen geltende Grundsatz einmischt, daß man von der Staatsgewalt sicher kauft; nam fiscalis hastae fides facile convelli non debet (l. 8 eod, vgl. C. 10, 3 und 10, 5). Das griechische Recht kannte aber zweifellos solche Präklusionen. Z. B. hatte, wer einer Pfändung widersprechen und die gepfän-

---

[1] Partsch, Bürgschaftsrecht 1, 342 N. 3. Er verweist auf Isae. or. 10 ὑπόθ. in fine: ἃ γὰρ μὴ δικαίως ἐκτήσατο, πῶς ἄλλῳ παραπέμπειν ἐδύνατο, was dem lateinischen „Nemo plus iuris transferre potest quam ipse habet" entspricht.

deten Sachen mit Eid ausschwören wollte, nach dem Astynomengesetz von Pergamon dazu eine fünftägige Frist.[1]

Ein Ausschluß der Vorrechte würde das Prinzip „prior tempore potior jure“ nur einschränken, nicht aufheben. Dies hätte praktische Folgen, wenn vielleicht der Einspruchsberechtigte sich mit dem Protest begnügen durfte, ohne die Veräußerung zu inhibieren, und namentlich dann, wenn die Publizitätsförmlichkeiten von Einzelnen oder regelmäßig nicht beobachtet wurden. Mit dieser Maßgabe könnte man es recht wohl verstehen, daß in einer undatierten Schenkung an den Thiasus mystarum von Argos[2] der Schenker erklärt: *οὐδὲν ὀφείλουσιν [. . . . οὔτε] ὁ κῆπος οὔτε ἡ οἰ[κία κατ' οὐ]δένα τρόπον*, falls dabei nicht überhaupt nur Steuerlasten in Rede stehen. So erklärt sich aber insbesondere Dem. 37, c. Pant., § 12, diejenige Stelle, welche noch mit der

---

[1] Dittenb. Or. gr. inscr. sel. 2, 483, 83f., dazu Hitzig, Z.d.S.-St. 26, 439. Ziebarth, Ztschr. f. vgl. Rechtsw. 19, 287. (Die von Hitzig ebd. 483 erwähnte Gortynische Inschr., jetzt Recueil 2, 325, ist m. E. auch neuestens von Rich. K. M. Meister, Eideshelfer, RheinMus. 1908, 571 noch nicht ganz richtig erklärt.) — Bemerkenswert ist das leider ganz isolierte Fragment P. Tebtyn. 2, 488, a. 121/2, wo der Richter dem Kläger vorwirft, er hätte nicht drei Jahre warten dürfen: *ἔδι σε τότε κεκωλυκέναι, ὅτε ᾠκοδόμει*, nach so langer Zeit könne er bei keiner Behörde mehr Gehör finden. Hierauf wird das ägyptische Landrecht angerufen. Darin kann eines der Beweisargumente aus der langen Zeit liegen, die Partsch, Longi temporis praescriptio 119 ff., für das römische Ägypten 128 ff. aufgezeigt hat; aber eher wird ein Einspruch des Klägers gegen die Bauführung verlangt sein, analog der operis novi nuntiatio oder dem interdictum quod vi aut clam. Betreffs der Ausdrucksweise verweist mich Partsch auf Dem. c. Callicl. (55) 4. 5: *τότε, οὐδ' ἐκώλυσεν — οὐδ' ἀπηγόρευσεν οὐδὲ διεμαρτύρατο.* Noch interessanter, aber ganz dunkel, ist das Fragment eines Pfandprozesses BGU 832, wo l. 26 die Worte gelesen sind: *τὸ]ν ἑξαμήνιον χρόνο(ν) ἐν ᾧ ἐξέσθαι καὶ τοῖς βουλωμένοις*[. . ., „also eine sechsmonatliche Frist, während deren die, welche wollen . . .“, sehr ähnlich Theophrast: *ὅπως διαμφισβητῆσαί τε ἐξῇ καὶ διαμαρτύρασθαι τῷ βουλομένῳ.*

[2] I G. IV, 659 l. 19, von Dareste Nouv. rev. hist. 1908, 640 angerufen. Ein „contrat de vente“ ist das nicht.

meisten Berechtigung für das dingliche Verfolgungsrecht des attischen Pfandgläubigers angerufen werden darf. Das Argument des Redners ist zwar durchaus nicht unzweideutig, beruht aber vielleicht wirklich darauf, daß ein Pfandgläubiger gegen einen aus einer späteren πρᾶσις ἐπὶ λύσει Berechtigten dinglich vorgehen durfte und nur die von dem Nichtbestand ihrer Rechte selber überzeugten angeblichen Gläubiger des Pantainetos den Käufern ἐπὶ λύσει ein günstigeres Anbot[1] stellten. Aber in § 5 ist der Hergang bei dem Sicherungskauf erzählt und alles Gewicht auf den schriftlichen Vertrag gelegt; von Ausschreibung des Verkaufs ist nichts erwähnt. Ja, überhaupt erscheint es wohl als sehr zweifelhaft, wieweit das προγράφειν in Athen zur Zeit der Redner in Übung war, obwohl Theophrast, gest. 285 v. Chr., es als geltendes Recht darstellt. Einige Inschriften, CIA. 2, 784—788, mit Aufzählung von Verkäufen und der Abgaben sind nicht mit den hölzernen Tafeln (λευκώματα) betreffs beabsichtigten Verkaufs identisch,[2] es sind die von der Aushängefrist unabhängig denkbaren Steuerbücher, denen freilich vielleicht eine Beweiskraft für das Eigentum des ὠνητὴς ἐγγεγραμμένος[3] zukam. Es ist ganz unsicher, ob die sechzigtägige Aushangfrist wirklich beobachtet wurde. Die Rede des Hyperides gegen Athenogenes, zwischen 328 und 323 v. Chr., spricht, wie bekannt,[4] dawider, da einerseits nach den Grammatikern das δημοσίᾳ ἐγγράφεσθαι auch für Sklaven gegolten haben soll, andererseits der Sklaven-

---

[1] Darüber vgl. bes. Hitzig 126 und neuerdings Partsch, Bürgschaftsrecht 1, 266. Ob es sich hier und vollends im Notstandsgesetz von Ephesus um „Oblation" handelt, möchte ich freilich dahingestellt sein lassen.

[2] Vgl. Beauchet 3, 337. Anders Dareste, Nouv. rev. hist. 1884, 393 und Pappulias 199.

[3] Ὑπόθεσις, § 1, der Rede Dem. (37) gegen Pantainetos; über die Streitfrage vgl. Beauchet 3, 341, dazu Dareste, Nouv. rev. 1908, 642, dessen Beleg für die Öffentlichkeit des χρεοφυλάκιον, IGSept. 2415 f., aber dem Jahre 139 n. Chr. angehört.

[4] P. Vogt, Wiener Studien 16, 200 f. Hitzig, Z. d. S.-St. 18, 177.

verkauf des Athenogenes in größter Eile durchgeführt wurde. Auch hier ist die Errichtung des schriftlichen Vertrags mit aller Genauigkeit geschildert (4, 4. 9. 20). Sicher ist für Athen das *κωλύειν* sowie dessen innerer Zusammenhang mit der *προγραφή*. Es könnte aber auch als stehengebliebener Rest eines früheren Rechtszustands seine Deutung finden. Und so wird man daraus, daß in den attischen Rednern von einer Ausschlußwirkung keine Spur zu entdecken ist, nicht schließen dürfen, die Theophrastischen Förmlichkeiten hätten ebenfalls keine Präklusionen hervorgerufen.

Die Anlage des Verfahrens mit seinen Einspruchfristen deutet auf irgendwelche dem verschwiegenen Recht drohende Nachteile. Ob es freilich verloren war, steht dahin. Vielleicht genügten beweisrechtliche Gefahren, um in dem *κωλύειν* eine Art Pflicht zu erblicken. Der ganze Gegenstand ist also für uns wenig durchsichtig, und nur mit geringen Hoffnungen können wir darauf bei der Erörterung des Papyrusrechts zurückkommen.

Über die Wirkung der Hypothekeneinträge in Register wissen wir gar nichts.

6. Beim Seedarlehn war es üblich, in der *συγγραφή* das *ἐπιδανείζειν*, das Aufnehmen weiterer Schulden auf die verpfändete Seefracht bzw. das Schiff zu verbieten. Die dafür sicherlich typischen Klauseln überliefert uns die Lakritosurkunde, [Dem.] 35, § 11: *ὑποτιθέασιν δὲ ταῦτα, οὐκ ὀφείλοντες ἐπὶ τούτοις ἄλλῳ οὐδενὶ οὐδὲν ἀργύριον, οὐδ' ἐπιδανείσονται* (bestätigt in der Rede § 21) — *καὶ παρέξουσι τοῖς δανείσασι τὴν ὑποθήκην ἀνέπαφον κρατεῖν, ἕως ἂν ἀποδῶσι κτλ.* Die Garantie wegen schon bestehender und erst nachträglich entstehender Lasten ist damit ausdrücklich gesondert. In diesem Maß sind also Dispositionsbeschränkungen kraft Vertrages auch in Athen bezeugt. Nur dürfte man nicht die Nachricht verallgemeinern. Das Seedarlehn hatte seine besonderen Verhältnisse und Gefahren. Z. B. würde, da die Fracht auf der Fahrt gewechselt wird, ein auf der Rückfahrt aufgenommenes Seedarlehn dem im Ausgangshafen kontra-

hierten vorgehen müssen. Bezeugt scheint ein gesetzliches Pfandrecht desjenigen, der das Frachtgeld auslegt, an der Fracht, [Dem.] 49 c. Timoth. § 35 (cf. 26. 34[1]); möglich eine Befugnis des mitreisenden Reeders, namens des Geldgebers in Notfällen einem neuen Gläubiger die Priorität einzuräumen[2], usw. Auch hören wir genug von schwungvoll betriebenen Betrügereien der Geldnehmer[3] — man denke nur an die in der Rede gegen Zenothemis geschilderten, von Mitteis Z. d. S.-St. 23, 288 ff. gedeuteten Praktiken —, um es zu begreifen, daß die Gläubiger gerade beim nautischen Pfand jeden Konflikt mit Dritten scheuten und sich dagegen so gut es ging von vornherein sichern wollten. Einen Fall von Unterschlagung der Seefracht betraf auch das Todesurteil, welches [Dem.] 34 c. Phorm. § 50 zitiert wird. Aber wir erfahren nicht, wieviel von dieser Strenge durch das ἐπιδανείζειν und wieviel durch die Verletzung der Pflicht, das Pfand bei der Rückkehr zu exhibieren,[4] verdient war; überhaupt ist uns genauer das Fundament des Urteils nicht bekannt; eine spezielle Strafbestimmung für die Verletzung dieser Pflichten existierte kaum, sonst würden die Redner uns ihre Anführung nicht ersparen. Die sehr beliebten Schlüsse vom Verpfändungsverbot und seinen Rechtsfolgen beim Seepfand auf gewöhnliches, vollends ein durch keine Vertragsklausel gegen das ἐπιδανείζειν geschütztes Pfand, sind also unzulässig.

---

[1] S. Pappulias 95 f., der ein echtes Pfandrecht annimmt.

[2] So Dareste, Plaid. civ. de Démosth. 1, 335 n. 34.

[3] Hierher besonders gehörige Beispiele in derselben Rede gegen Lakritos §§ 22 f. 52. Auf die zweifelhafte Exegese kann ich nicht eingehen.

[4] ἐμφανῆ παρέχειν. [Dem.] 56, §§ 3. 38. 39; 35, §§ 24. 37. 38; 34, § 50. Vgl. dazu Partsch, Bürgschaftsrecht 1, 54 N. 2, 309 N. 2.

II. Das Papyrusmaterial.[1]

A. Aus der Ptolemäerzeit haben wir bisher eine einzige und verstümmelte Stelle. Unter den Akten der Königlichen Bank in Theben befindet sich der Eid eines Demetrios[2], der für einen Kassenbeamten Ptolemaios durch eigene Liegenschaften die Amtskaution gestellt hat. (Akt. Theb. Bk., ed. Wilcken XI, a. 116 vor Chr.) Er schwört verpfändet zu haben (*ὑποτεθεῖσθαι ἐν δ[ιεγγυήματι]*), die Grundstücke seien sein Eigentum und niemandem verpfändet, sondern frei von allen [Lasten],[3] und ferner:

l. 10 *μηδ' ἀποθυριδώσειν ἐπὶ βλάβηι τῆς ὑποθήκ(ης) μηδ' ἄλλωι τρόπωι ἐξαλλοτρι[ώσειν* . . .

---

[1] Erst nach Abschluß meines Manuskripts gehen mir Egers Buch: Zum ägyptischen Grundbuchwesen in römischer Zeit, 1909, und desselben Mitteilungen aus der Gießener Papyrussammlung, Archiv 5, 132 ff. zu. Ich kann darauf vielfach nur in Form von Zusätzen Rücksicht nehmen. Doch glaube ich, unter Hinweis auf die ausführliche und gewissenhafte Darstellung Egers, jetzt meine Berichte über die Quellen zum Archivwesen sehr erheblich kürzen zu sollen. Die Stellungnahme zu den Hauptfragen der *βιβλιοθήκη*-Einrichtung fällt ohnedies nicht in diese Abhandlung und soll in der Bezugnahme auf die Literatur nicht enthalten sein.

[2] In l. 1 liest Wilcken jetzt *[Δημή]τριος Πτολεμαίου* arg. l. 17 *Δ η[*.

[3] Die Ausgabe hat (l. 9) *εἶναι καθαρὰ ἀπὸ πάντων κι[νδύνων]* . . . In der Photographie glaube ich zu sehen *ἰδι[* , was die Ergänzung *ἰδι[ωτικῶν* nahelegen würde. Doch muß der Passus am Original nachgeprüft werden. Jedenfalls scheint mir der Sinn ein Wort für „Lasten“ zu erfordern.

Wilcken, der jetzt nach der Photographie (Tafeln zur älteren griech. Paläogr., Taf. IX a) ἀποθυριδώσειν liest,[1] faßt dies, wie er mir freundlichst schreibt, als die „Türen entfernen, sozusagen enttüren". Er erinnert daran, wie z. B. in Mietsverträgen versprochen wird, das Haus σὺν θύραις oder ähnlich, zurückzugeben. „Die hölzernen Türen hatten eben besonderen Wert im holzarmen Ägypten, wie auch in Babylonien." Nach dieser überzeugenden Erklärung verpflichtet sich also der Verpfänder, nicht die Haustüren zum Schaden der Hypothek zu entfernen noch sonstwie eine Veräußerung vorzunehmen.

Schon diese Stelle und die Lakritosurkunde warnen vor der Vermutung, daß die in der römischen Epoche allerdings häufigen Verfügungsbeschränkungen die besondere Absicht haben, griechisches dispositiv-gesetzliches Recht gegenüber dem römischen festzuhalten. Wir begegnen der Klausel in der Römerzeit nicht zum erstenmal. Übrigens haben wir immer noch neben Theb. Akt. 11 ein einziges ptolemäisches Aktenstück mit näherem Bericht über eine Hypothek, P. Petrie II, 13 = III, 57, wo Theotimos einen ganz analogen Eid ablegt wie jener Demetrios und sich allerdings auf die Versicherung, die Sache sei sein eigen und sonst nicht verpfändet, beschränkt; aber dabei fehlt uns die Hypothekarurkunde selber. Den Befund in den demotischen Urkunden der Ptolemäerzeit muß man erst abwarten.[2] Auf grundsätzliche Abwesenheit der Klausel in der Ptolemäerzeit läßt nichts

---

[1] Die nächste Zeile (11) scheint nicht mit l. 10 zusammenzuhängen, da Wilcken sehr einleuchtend die Wendung ἐὰν μετασταθῇι auf den Fall, daß Ptolemaios, der Schuldner, versetzt wird (vgl. den Gegensatz καθεσταμένου l. 3) bezieht. Das Weitere dürfte mit Crönerts Konjektur (Wesselys Stud. Pal. IV, 92): ἐπίμονα ἔστω nicht bereinigt sein.

[2] Révillout, Précis 1260f. übersetzt eine Klausel einer demotischen „Antichrese in solutum" aus der Zeit Euergetes II.: „De mon côté, je ne puis établir mes parts ci-dessus pour personne au monde intervenante. Je ne puis donner à ce sujet des ordres à une autre personne. Je ne puis les vendre pour argent à une autre personne qui m'en donnerait le prix."

schließen. Und sollte sie selbst später häufiger geworden sein, so wäre noch der größeren Ausführlichkeit und Pedanterie der späteren Urkundenschreiber zu gedenken.

B. Römische Zeit.

Das Veräußerungsverbot begegnet uns:

1. bei Spezialhypotheken,

2. ohne Erwähnung eines Pfandrechts, aber mit deutlicher Spezialhaftung,

3. bei Vermögensverhaftung,

4. bei Nutzpfand in Pachtform,

5. bei dinglichem Arrest zur Sicherung.

Unser Hauptproblem entsteht bei der ersten Gruppe. Es ist aber klar, daß die anderen nicht aus der Erörterung ausscheiden dürfen.

1

a) Die dem Text nach erhaltenen Pfandverträge, die sich ὑποθήκη oder ὑπάλλαγμα (ὑπαλλαγή) nennen, tragen bisher mit einer noch zu besprechenden Ausnahme (BGU 741) sämtlich die hier einschlägige Klausel. Bekannt sind mir zurzeit die folgenden:

von Hermupolis aus der Zeit zwischen a. 103 und dem Anfang des 4. Jahrh. P. Flor. 81 a. 103. Straßb. 52 a. 151. Flor. 1 a. 153. Lips. 10 a. 240 mit Hypallagmaurkunde vom J. 178. Flor. 28 a. 179. P. Erzh. Rain. 2016 CPR. S. 59 Anfang des 4. Jahrh.

und vom Fayûm aus der Hadrianischen Zeit, aus welcher wir in einer kleinen Basler Sammlung eine leider der ganzen linken Hälfte entbehrende ὑποθήκη haben — P. Inv. Nr. 7, im Anhang dieser Schrift veröffentlicht — und aus dem Jahre 149, Lond. 2 n. 311 p. 219, Herakleia.

Die bisherige papyrologische Literatur unterscheidet nicht zwischen ὑποθήκη und ὑπάλλαγμα. In der Tat dürfte der allgemeine Eindruck nicht einer Täuschung entspringen, insofern alle diese Verträge in der römischen Kaiserzeit, wo wir sie antreffen, in ähnlicher Weise als Spezialverpfändungen fungierten. Doch zwingt schon der verschiedene Kunstausdruck, die beiden Typen bei allen ferneren Untersuchungen streng auseinander zu halten.[1] Außerdem sprechen dafür trotz des geringen Quellenbestandes bereits zwei Beobachtungen, die ich der besseren Orientierung halber vorausnehme, obwohl auf das Wesen des *ὑπάλλαγμα* erst später einzugehen ist (soweit dies überhaupt im Rahmen unserer Abhandlung liegt).

Erstens enthalten die *ὑποθήκη*-Verträge eine mehr oder minder ausführliche Verfallklausel, nämlich die Erklärung, daß bei Säumnis dem Gläubiger *μετεπιγραφή* oder *ἐπικαταβολή*, *ἐμβαδεία*, jedenfalls daß ihm das *κυριεύειν* und *κρατεῖν* zustehe, während in allen bisher bekannten *ὑπαλλάγματα* diese eigentliche Verfallsabrede fehlt.

Hypotheke: Flor. 81. Straßb. 52. Flor. 1. Basel 7. BGU. 741 (*ἐπιτελεῖν τὰ τῆς ὑποθήκης νόμιμα*).
Hypallagma: Flor. 28. Lips. 10. CPR p. 59 (wo freilich der Schluß fehlt), Lond. 2, 311 p. 219.

Doch wird eine Mischung der Formulare dadurch herbeigeführt, daß das Versprechen, die Hypothekargrundstücke in vollkommener Qualität und Quantität zu übergeben, nicht bloß bei der *ὑποθήκη* (Straßb. 52), sondern auch beim *ὑπάλλαγμα* (Flor. 28) vorkommt. Die Verfallklausel ist das nicht[2], obgleich dabei auf den ersten Blick der Sachverfall vorausgesetzt scheint.

Zweitens ist im Verfahren zur Vollstreckung des Pfandes bisher die Pfändung (*ἐνεχυρασία*) als erster Exekutionsschritt nur für die *ὑπαλλάγματα* nachweisbar. Flor. 56, BGU 1038,

---

[1] [Ebenso jetzt Eger 47 N. 4.]

[2] Wie ich fälschlich Z. d. S.-St. 28, 365 bei N. 2 sagte.

888 [Giss. Inv. Nr. 123, l. 19: *τῇ δὲ διαγρα(φῇ) ἐνεχυρασία οὐκ ἐπηκολούθηκεν*].[1]

Das zweite könnte leicht auf Zufall beruhen, und jeder Tag kann einen urkundlichen Gegenbeweis bringen. Das erste aber ist eine bis zu einem gewissen Grade durch die Stetigkeit und Verläßlichkeit der Papyrusformulare gesicherte Wahrnehmung. Auf die bloße Verschiedenheit des örtlichen Stils scheint der ganze Gegensatz nicht rückführbar, da fast das gesamte Material aus Hermupolis stammt. Wir haben daher mit der Möglichkeit einer getrennten Geschichte der beiden Gattungen zu rechnen. (Vgl. noch unten VII).

Auch in der Formulierung unserer Klausel ist nun eine gewisse Verschiedenheit des typischen Ausdrucks nicht zu verkennen. Zwei Gruppen fallen durch ihre charakteristischen Verbindungen auf, wobei freilich die Grenze zwischen *ὑποθήκη* und *ὑπάλλαγμα* nicht völlig eingehalten ist.

α) In den *ὑποθῆκαι* heißt es: *οὐκ ἐξέστω αὐτῷ*, dem Verpfänder, *πωλεῖν κτλ.*, namentlich nach der Verfallklausel (*ἐὰν μὴ ἀποδοῖ, ἐξέστω κτᾶσθαι καὶ ἐμβαδεύειν κτλ.*):

Straßb. 52, l. 9 *Βεβαιούτω δὲ ἡ δεδανισμένη τήνδε τὴν ὑποθήκην πάσῃ βεβαιώσει ἀπό τε δημοσίων καὶ ἰδιωτικῶν καὶ ἀπὸ πάντων ἁπλῶς, ἣν καὶ μὴ ἐξέστω αὐτῇ πωλεῖν μηδὲ ἑτέροις*

[1] Unbestimmt welches Pfand: Class. Phil. I, 4 l. 6. BGU 239 l. 5 (wo die Exekution in ein Pfand erfolgt, vgl. l. 8 und die von Koschaker, Z. d. S.-St. 29, 31 ff. hervorgehobene Übereinstimmung mit BGU 1038). Unbestimmte *κατοχή*: Flor. 97, 8 vgl. l. 3 (Eger 164). Allerdings könnte unter den *νόμιμα τῆς ἐμβαδείας* (Oxy. 485, 33 [*μένειν*-Urk.] BGU 832, 22 [*ὑποθήκη*]) die *ἐνεχυρασία* mit gemeint sein, vgl. Etymol. Magnum p. 334, l. 35: *ἐμβατεῦσαι — τὸ τὸν δανειστὴν ἐμβατεῦσαι καὶ εἰςελθεῖν εἰς τὰ κτήματα τοῦ ὑποχρέου, ἐνεχυριάζοντα τὸ δάνειον.* Auch erklärt sich die bloße Androhung der *ἐμβαδεία* in der Klage aus *ὑποθήκη* Flor. 86 vielleicht daraus, daß die Schuldnerin das Eigentum bereits an die Treuhänderin des Gläubigers übertragen hat, Flor. 92.

ὑποτίθεσθαι μηδ' ἄλλο τι περὶ αὐτῆς κακοτεχνεῖν ὑπεναντίον τούτοις τρόπῳ μηδενί, ἢ τὰ παρὰ ταῦτα ἄκυρα εἶναι. Fast wörtlich ebenso und die Ergänzungen dieser Lesung bestätigend Flor. 1, l. 8, vgl. auch Flor. 81, l. 15. Das heißt:

Schuldner soll diese Hypothek mit jeder Gewährleistung garantieren von öffentlichen und privaten und allen Lasten überhaupt, und es soll ihm auch nicht freistehen, zu verkaufen oder andern zu verpfänden oder sonst die Hypothek zu verschlechtern, entgegen diesem (Vertrage) auf keine Weise, widrigens die Zuwiderhandlung ungültig ist.

Etwas abweichend ist die Basler Hypothekenurkunde, eine objektive Homologie, gehalten, welche vor der Verfallklausel in sonst nicht belegter Wendung l. 15 sagt: *εἰς τὸ μὴ ἐξεῖναι αὐτῇ* (Verpfänderin) *πωλεῖν μηδὲ* [. . ., sodann übrigens die *βεβαίωσις*-Klausel genauer ausstattet, indem die Verpfänderin die Hypothek gewähren soll: l. 21 *ἀνενεχ]ύραστον καὶ ἀνεπιδάνιστον καὶ καθαρὰν ἀπὸ ἐπιγραφῶν* [*κτλ.*, unverpfändet und unbeliehen und frei von Auflagen.

Diesen Urkunden reiht sich als einziger Repräsentant des *ὑπάλλαγμα* Lond. 2, 311 p. 219, eine objektive Homologie, an: l. 9 *δεδωκέναι ἐν* [*ὑπ*]*αλλάγματι καὶ δι' ἐγγυήματος τ*[*οῦ*] *προκιμέ*[*νου*] *κ*[*εφα*]*λαίου καὶ τῶν τόκων τὰς ὑπαρχούσας α*[*ὐτ*]*ῇ* — *κλήρ*[*ου*] *κατοι*[*κικοῦ*] *ἀρούρας πέντε* — *καὶ τὰ ὑπ*[*ά*]*ρχοντα αὐτῇ δουλικὰ σώμα*[*τα*] *δύο* — *καθ' ὧν πάντων* [*ο*]*ὐ*[*κ*] *ἕξει τὴν ὁλοσχερῆ ἐξουσίαν τοῦ πωλεῖν ὑποτίθεσθαι οὐδὲ ἄλλως* [*κατα-χρημα*]*τίσαι* (d. h. verfügen), *ἄχρι οὗ ἀ*[*ποδῶ*]*ι τὸ προκίμενον κεφάλαιον καὶ τοὺς τόκους.* Folgt Bürgschaft der Söhne der verpfändenden Schuldnerin und Exekutivklausel gegen Mutter und Söhne betreffs alles Vermögens. Das Pfand nennt sich also ausdrücklich *ὑπάλλαγμα*[1], und hat doch statt aller weiteren Regelung

[1] L. 22 in der Subskription will die Verpfänderin *τὴν προκιμένην ὑ*[gegeben haben. Der Herausgeber ergänzte *ὑ*[*ποθήκην*]. Da wir jetzt im Vertragstext l. 10 mit Wilcken, Archiv 1, 160 [*ὑπ*]*αλλάγματι* zu ergänzen

nur das Veräußerungsverbot. Ein merkwürdiges Stück! Auf Gradenwitz[1] hat es den Eindruck gemacht, „daß die Wirkung der Verpfändung hier nur darin bestehen sollte, das Recht der Verpfänderin lahm zu legen und so sie psychologisch zur Rückzahlung zu nötigen", vergleichbar dem Depositalpignus. Ein solches Quasi-Retentionspfand ohne Besitz des Gläubigers wäre nicht ganz undenkbar, ist aber kaum wahrscheinlich. Da das gegebene Pfand (*δεδωκέναι*) von der *πρᾶξις* [*ἐξ ὑπαρχόν*]*των αὐτ*[*οῖς πάντων*] getrennt ist, scheint es sich um ein Sachpfand im Gegensatz zur Exekutionsbewilligung zu handeln. Daß die Bürgen zu zahlen versprechen, bereits wenn die Mutter nicht zahlt, ohne Rücksicht auf die Einbringung aus dem Pfand, entspricht wohl lediglich der einseitigen Rücksichtnahme der Urkunden auf das Gläubigerinteresse. Neben Grundstücken sind hier Sklaven verpfändet; da denken wir unwillkürlich nach germanistischen Beispielen an andere Haftungstypen als bei Immobilien. Im deutschen Recht ist ja für die Regel die Fahrnishypothek durch das Faustpfandprinzip ausgeschlossen. Doch ist vorläufig damit nicht weiter zu kommen.

---

haben, so würde demgegenüber die Unterschrift der ungelehrten Partei auch nicht viel besagen. Doch entfällt die ganze Schwierigkeit, wenn man mit Eger 44 N. 5 *ὑ*[*παλλαγήν*] liest. — *Δι' ἐγγυήματος* des Kapitals und der Zinsen könnte ein vager Ausdruck sein: „als Haftung für —", falls es nicht ungeschickt auf die erst im nächsten getrennten Satz formulierte Bürgschaft deuten will. Am ehesten scheint mir *διεγγυηματος*, in einem Wort zu lesen, verschrieben für *διεγγυήματι*, ein Ausdruck, der nicht bloß das vom Bürgen gestellte Pfand, sondern Haftung einer Sache im allgemeinen zu bezeichnen scheint. Vgl. die Klausel: frei von Hypotheke und jedem Diengyema BGU 112, l. 12. Teb. 2, 323, l. 15 u. a., und dazu Partsch, Bürgschaftsrecht 1, 62 N. 3 gegen Ende.

[1] Gradenwitz, Einführung 88. Die zweite dort erwogene Auffassung, die übrigen Rechtsfolgen seien mündlich ausbedungen worden, scheidet jetzt natürlich aus, wo wir so viel andere Urkunden kennen. Auch beruht sie auf der Lesung [*συν*]*αλλάγματι* l. 10 statt [*ὑπ*]*αλλάγματι*.

β) Die andere, nur bei *ὑπαλλάγματα* nachweisbare Formel lautet in der vollsten Entfaltung so:

Flor. 28, l. 13ff., cf. Lips. 10, CPR p. 59 *ὑπαλλάσσω — ἀρούρας —* (Flor. 28: *ἃς — παραδώσω — καθαρὰς ἀπὸ βασιλικῆς καὶ παντὸς ἁπλῶς εἴδους. —*) *τὰς δὲ ὑπηλλαγμένας ἀρούρας ἐντεῦθεν φυλάξω ἀνεξαλλοτριώτους καὶ ἀκαταχρηματίστους ἄχρι οὗ ἀποδῶ ἢ πραχθῶ. — τὸ δὲ προκείμενον ὑπάλλαγμα βεβαιώσω πάσῃ βεβαιώσει κτλ.*, also: ich verpfände —, (werde übergeben frei usw.) — die verpfändeten Aruren werde ich inzwischen bewahren unveräußert und unverfügt, bis ich zurückgebe oder (erfolgreich) betrieben bin. Für das Pfand werde ich alle Gewähr leisten usw.

Gegenstand sind überall Grundstücke, nur in dem eben erörterten P. Lond. 2, p. 219 a. 149 daneben auch Sklaven.

b) Sachlich als Hypotheken sind jene beiden mit *μένειν* gefaßten Urkunden Oxy. 485. 506 anzusehen, wo dem Gläubiger unter der aufschiebenden Bedingung der Zahlungssäumnis Besitz und Eigentum eingeräumt wird. Der Leser wird sich ihrer aus meinen Ausführungen Z. d. S.-St. 28, 366 f. erinnern. In Oxy. 506 (l. 39), Gegenstand Aruren, ist das Verfügungsverbot ausgesprochen,[1] in Oxy. 485, Gegenstand eine Sklavin, fehlt es in dem vom Gläubiger im Betreibungsgesuch vorgelegten Auszug.

c) In allen bisherigen Fällen, mit einziger Ausnahme von Lips. 10, erst von 178 n. Chr., hat der Verpfänder den Besitz behalten. Doch dürfte auch diese Ausnahme eine nur scheinbare sein. Der Text sieht aus wie aus einem *ὑπάλλαγμα* für das Kapital (I, 11: *πρὸ[ς] δὲ τὴν [τοῦ προκ(ειμένου) κεφαλαίου ἀ]σ[φά]λει[α]ν ὑπαλλάσσω σοι*) und der Antichrese für die Zinsen (I, 35 ff.) zusammengesetzt. Dementsprechend unterscheidet die Subscriptio II, 9 die drei Erklärungen *ἀποδώσω* (ich werde zahlen), *ὑπήλλαξα* (ich verpfändete scil. für das Kapital), *παρέξω κατὰ*

---

[1] Über das hier verbotene *ἀπογράφεσθαί τινα* s. Eger 119 N. 2.

μισθοκαρπείαν (ich werde gewähren zur Nutznießung ἀντὶ τόκων). Nach den anderen Beispielen wäre man daher geneigt, auch da die Klausel I, 40: κ]ἀντεῦθεν[1] φυλάξω τὸ προκείμενον ὑπάλλαγμα ἑτέροις καὶ ἀνε[ξαλλ]οτρί[ωτον καὶ ἀνεπιδάνειστον]ἄχρι οὗ ἀπο[δ]ῶ ἢ πραχθῶ κτλ. aus dem ὑπάλλαγμα-Formular herzuleiten, nicht aus demjenigen der μισθοκαρπεία. Neben der gesamten Pfandabrede steht dann I, l. 38, die Exekutivklausel ἢ πρᾶξιν ποιή-[σα]σθαι.

d) Höchst zweifelhaft ist nach der Revision durch Grenfell und Hunt[2] der Charakter von P. Lond. 3, P. 870, p. 235, 4. Jahrh., geworden. Die Urk. heißt γράμμα τῆς ὑποθήκης (l. 16). Nach der Lesung Kenyons mußte man annehmen, es sei der Pfandgläubigerin (σοι l. 13 a. A.) bis zum Lösungstermin (l. 14) die Disposition über den verpfändeten Grundstücksanteil untersagt, wobei freilich der Termin selber von der Besserung der Vermögensumstände des Schuldners abhängt (l. 6). Jetzt soll statt des entscheidenden]σοι ein]σαι zu lesen sein[3]; und damit entfällt vorläufig die Möglichkeit, das fragmentierte Stück im hier erheblichen Punkt irgend einer schärferen Analyse zu unterziehen. Im Zweifel würde man an eine Dispositionsbeschränkung wieder des Schuldners denken.[4]

---

[1] So laut freundlicher brieflicher Mitteilung Mitteis' statt des κἀντ]εῦθεν der Ausgabe.

[2] Archiv für Pap. F. 4, 557 f.

[3] Ich würde statt des]σαι ein ἐξεῖ]ναι erwarten; das wäre am Original nachzuprüfen.

[4] Jedenfalls dürfte l. 13 a. E. ἄχρι οὗ] oder ähnlich zu ergänzen sein. Auch bleibt, was ich Z. d. S.-St. 28, 367 sagte, im wesentlichen aufrecht, wenn man es nicht wagen will, jetzt eine echte alte Satzung, Nutzpfand mit Resolutivbedingung, d. h. Lösungsrecht ohne Lösungspflicht des Schuldners anzunehmen.

2

Wir hören zweimal von Verträgen, die sich entweder ausschließlich auf das Veräußerungsverbot beschränkt haben müssen, oder wo dieses als so entscheidend betrachtet wird, daß der interessierte Gläubiger es allein erwähnt.

a) Lond. 2, Pap. 360, p. 216, 2.(?) Jahrh. Ein Bruder quittiert zwei Schwestern den Empfang von zwei Fünfteln einer Schuld ihrer (offenbar noch lebenden) Mutter an ihn selbst. Dagegen tritt er ihnen je ein Fünftel ab: *οὗ ἔχει δικαιώματος τῆς ὑπ[αρχ]ούσης τῇ μητρὶ αὐτῶν παιδίσκης δούλης ἧς ὄνομα Ταορσενούφεως ἀνεξαλλοτρίωτ[ον] καὶ ἀκαταχρηματιστον εἶναι φυλάξειν τὴν μητέρα, διὰ τὸ ἐπὶ τούτοις τὴν ὁμολογίαν γεγονέναι.*

Es kann gar keinem Zweifel unterliegen, daß dieses so genau beschriebene vertragsmäßig festgelegte *δικαίωμα*, das sogar die Teilung pro rata verträgt, ein Recht zur Sicherung des Gläubigers darstellt. Fraglich und unentscheidbar ist nur, ob in der *ὁμολογία* wirklich nichts weiter stand als die Verpflichtung der Mutter, die Sklavin unveräußert und unverfügt „zu bewahren", und wenn so, ob damit eine echte Hypothek gemeint war.

b) Noch wichtiger ist Tebtyn. 2, 318 a. 166. Eine Darlehnsgläubigerin ersucht um Eintragung ihres *δίκαιον οἰκονομίας* in die Bibliothek. In zwei *ὁμολογίαι* ist ihr versprochen:

φυλάξιν μοι ἀνεξαλ[λωτρί]ωτα καὶ ἀκαταχρηματ[ι]στα μέχρι τῆς τοῦ κεφαλαί[ο]υ ἀποδόσεω[ς] τὸ ὑπάρχον αὐτοῖς — μέρος κλήρου κτλ.

Das ist alles, was sie zur Schilderung ihres *δίκαιον* vorbringt. Von Pfandrecht ist nichts gesagt. Die vertragsmäßige Beschränkung allein ruft sie an; diese also soll — in irgend einer Form — ins Grundbuch kommen! Damit ist sofort bewiesen, daß ein solches Verbot imstande ist, das Recht des Gläubigers bis zur Fälligkeit der Schuld wesentlich zu bestimmen.

c) Am ehesten zu diesen nicht näher beschriebenen Sicherungen[1] läßt sich schließlich Oxy. 507, a. 169 stellen. Aus dem Darlehnsbetrage hat der Schuldner eine Partie Heu gekauft, die er in einem von ihm gemieteten, genauer bezeichneten Kamelgehege niederlegen wird. „Dieses Heu wird mir nicht erlaubt sein zu entfernen (*βαστάξαι*), noch zu verkaufen, noch zu verpfänden, bis ich das Kapital und die Zinsen zurückgebe, weil es dir verhaftet sein soll (*διὰ τὸ ὑπέγγυόν σοι εἶναι*)". Wir vermissen hier die gerade Erklärung des Schuldners, zu verpfänden. Partsch[2] hat daher kürzlich von dem attischen *ὑπέγγυος* = haftende, der Strafe verfallene Person, ausgehend, vermutet, daß das Heu für die *πρᾶξις καθάπερ ἐκ δίκης* (l. 20) haftet, aber nicht verpfändet ist. Damit wäre die im Text der Urkunde folgende Gefahrüberwälzung auf den Schuldner (l. 32) allenfalls vereinbar; sie trägt dem Gedanken der Sachhaftung Rechnung, der bei einer bloßen Anweisung zum exekutiven Zugriff ebenso vorkommen mag[3] wie bei Pfandversatz. Auch erinnert das *διὰ τὸ ὑπέγγυόν σοι εἶναι* einigermaßen an das *διὰ τὸ ἄλλη[ς? ἔγ]γυα εἶναι* beim Retentionsrecht in BGU 741, 48, das dem pignus Gordianum entspricht. Trotzdem möchte ich vorläufig immer noch glauben, daß doch eine richtige Fahrnishypothek gemeint ist, die natürlich erst mit dem Niederlegen im *καμηλών* beginnen und mit einer Entfernung aus demselben erlöschen würde. Gerade die Ermöglichung der neueren Satzung an Fahrnis ist nämlich der besondere Grund vielfacher vertragsmäßiger Verliegenschaftungen in deutschen Quellen[4] und die *πρᾶξις*, von der

---

[1] Vgl. hierzu noch besonders P. BGU 1053 col. I l. 47 ff.

[2] Bürgschaftsrecht 1, 99.

[3] Sicher bin ich dessen auch betreffs des deutschen Rechts nicht, da die Schriften von Egger u. H. Meyer (worüber unter Abschnitt III) in dem maßgebenden Punkt des Verhältnisses zwischen Sachhaftung und Pfandrecht nach entgegengesetzten Richtungen auseinandergehen und von Gierke beide getadelt werden. Vgl. aber Amira, Nordgerm. OblR. 1, 191 f. über den Begriff der Sachhaftung.

[4] Vgl. Gierke, DPrivR. 2, 962 u. Zit.

die Urkunde redet, bezieht sich auf das ganze Vermögen, nicht gerade auf das Heu speziell. Doch erklärt sich freilich das Entfernungsverbot auch ohne eine solche Annahme, wovon später mehr. Einstweilen genügt die Beobachtung, daß der Urkundenschreiber wiederum das Hauptgewicht auf die Beschränkung der Verfügungsmacht legt. Die Bezugnahme auf die Haftung hinkt hintennach.

3

Lond. 3, P. 1166 p. 105 Hermupolis a. 42. Zwei Unternehmer werden dem künftigen Gymnasiarchen das Heizmaterial für die Bäder des Gymnasiums und Spreu in seine Ziegeleien liefern. Für die von ihnen eingegangenen Verpflichtungen gestatten sie die Exekution gegen sich, die Schuldner solidarisch und gegen ihr ganzes Vermögen *καθάπερ* [*ἐ*]*γ δίκη*⟨*ς*⟩, mit folgendem, in demotischen Urkunden schon beobachteten, in griechisch-ägyptischen aber zum erstenmal begegnenden Zusatz:

ὅσα δὲ ἔχουσι οἱ ὁμολογοῦντες καὶ ὅ[*σ*]*α ἐὰν ἐπικτήσωνται ἐνυπαλλάγματα εἶναι π*[*ρ*]*ὸς τὰ πρ*[*οκείμ*]*ενα, περὶ ὧ*[*ν κ*]*αὶ οὐκ ἐξέσται αὐτοῖς οὐδὲν οἰκονομεῖν μέχρι τοῦ ἕκαστα ἐπιτελέσαι ἢ τὰ παρὰ ταῦτα ἄκυρα εἶνα*⟨*ι*⟩.

Von einem Retentionspfand an einem ganzen Vermögen kann um so weniger die Rede sein, da es sich offenbar nicht um Bedienstete handelt. Dagegen fragt es sich sehr: ist das eine echte Generalhypothek, die sofort bei der Bestellung pfandrechtlichen Rang verleiht, oder trotz des Zusatzes, das Vermögen solle *ἐνυπάλλαγμα* sein, bloß die Gewährung eines erleichterten Pfändungsrechts, also die Erlaubnis zum eventuellen Erwerb eines dinglichen Rechts durch Beschlagnahme? Gerade bei der Generalverhaftung taucht die Frage, ob Hypothek oder Exekutivklausel, ziemlich in allen Rechten immer wieder auf, so auch anläßlich der griechischen

Inschriften.[1] Diese Scheidung kann gar nicht scharf genug betont werden, da wir im griechischen Recht genau so wie im deutschen neben der Gestattung der erleichterten Exekution in das Vermögen auch die bloße Unterwerfung des Vermögens unter die Haftung, parallel der Einsetzung der Person des Bürgen oder Schuldners unter die Haftung, finden und vielleicht unsere berühmte „Exekutivklausel" (πρᾶξις καθάπερ ἐκ δίκης) lediglich aus der Zusammenschweißung von Vermögenshaftung[2] und Exekutionserleichterung hervorgekommen ist — ein Gedanke, dessen Ausführung ich mir für ein andermal vorbehalten muß.

In Lond. 3 p. 105 würde man auf den ersten Blick gerade aus der Zusage, bis zur vertragsmäßigen Erfüllung nichts zu veräußern, folgern, ein eigentliches Pfandrecht fehle und das Verbot sichere die Bereitstellung des Vermögens zur Pfandrechtsgewinnung. Doch mahnt es zur Vorsicht, daß die Verbote auch bei den ὑποθῆκαι vorkommen. Wirklich ist das Wort ἐνυπαλλάγματα gebraucht, das an das rätselhafte ὑπάλλαγμα erinnert, und die ganze Verabredung folgt gesondert, obwohl unmittelbar an-

[1] Vgl. bes. Mitteis, Reichsrecht und Volksrecht 418 N. 1, 438 f.; Hitzig, Pfdr. 59 ff.; Pappulias a. O. 78 ff. (Generalhypothek) und 109 ff. (Exekutivklausel). Bemerken möchte ich, daß die bei Mitteis 439 und bei Brassloff, Z. d. S.-St. 21, 375 N. 5 aufgeführten Urkunden mit der Wendung: ἐνεχύρου λόγῳ καὶ ὑποθήκης δικαίῳ nebst allen später publizierten Parallelurkunden sämtlich aus byzantinischer Zeit stammen. Ihre vergleichende Heranziehung ist daher zwar gestattet, um die diokletianische Konst. C. 7, 72, 6 zu erklären, wie Mitteis 439 tat, nicht aber, wie andere es wohl tun, um für die hellenistischen Klauseln a contrario etwas zu folgern. — Über gleiche Zweifel im mittelalterlichen Recht vgl. z. B. betreffs der Obligierung des Vermögens ohne „bond" im 12.—14. Jahrh. in England Hazeltine, Gesch. des englischen Pfandrechts (Gierkes Untersuchungen 92) S. 303; betreffs des Übergangs der Pfändungserlaubnis in die romanistische Generalhypothek in Deutschland Gierke, DPrivR. 2, 825 Anm. 90, 91; in Frankreich Egger, Vermögenshaftg. und Hypothek 216 ff. Über zweifelhafte Gebilde in Norwegen Amira, Nordg. OblR. 2, 245—7.

[2] Vgl. einstweilen Partsch, Bürgschaftsr. 1, 196 N. 1.

geschlossen, der Exekutivklausel. Lehrt schließlich BGU 4, 1072 a. 125 col. I, daß ein ὑπάλλαγμα am ganzen gegenwärtigen und künftigen Vermögen in das Grundbuchfolium des Schuldners eingetragen werden kann, so neigt sich die Wage auf die Seite der echten Generalhypothek.

4

Lond. 3, P. 1168 p. 136, a. 18 n. Chr. Stotoetis vermietet $^1/_6$ Hausanteil samt Zubehör ihrem Bruder Chichois, dem die übrigen $^5/_6$ gehören, auf 4 Jahre an Stelle der Zinsen (ἀντὶ τοῦ τόκου) eines Darlehns von 220 Drachmen. Sie wird jede Gewähr gegen Belastungen leisten und darf das Vermietete nicht verkaufen, verpfänden oder an andere vermieten noch sonst darüber verfügen, bei Nichtigkeit. Zahlt sie nach Ablauf der Frist nicht, so kann Chichois im Hausanteil wohnen bleiben oder ihn weiter vermieten[1], — eine Parallele zur Fortdauer des Pfandrechts bei Nichteinlösung in deutschen Quellen.[2] Er hat aber auch (statt dessen) das Recht der Exekution aus der Schuldnerin, dem Mietobjekt und allem sonstigen Vermögen. Ein „mortgage“ liegt hier nicht vor.[3] Das Geschäft gehört vielmehr zu den denaturierten Miet- und Pachtverträgen, die die Zinseneinbringung abwickeln sollen.[4] Hier ist aber im Unterschied zu anderen derartigen Verträgen nicht schon verfallener Zins mit datio in solutum zu decken, sondern eine richtige Antichrese vereinbart (cf. l. 21—31). Ähnlich

[1] Weiß, Archiv 4, 344 N. 2 denkt begreiflicherweise nur an Vermietung oder Verpachtung von partes pro diviso. Ich weiß aber doch nicht, ob sie nicht auch bei ideellen Bruchteilen praktiziert wurde.

[2] Vgl. z. B. Puntschart, Schuldvertrag und Treugelöbnis 245 f.

[3] So bereits Mitteis, Z. d. S.-St. 28, 384 gegen die Hsgg., mit Anrufung von C. J. 4, 32, 14 vice usurarum inhabitare.

[4] Über Pachtverträge zur Tilgung s. Z. d. S.-St. 28, 317 f., auch P. Teb. 105 l. 51 (103 v. Chr.). Ohne Nachformung gibt es Arbeitsverträge ἀντὶ τόκων, Teb. 2, 384; Flor. 44; über Parallelen hierzu s. Partsch, Bürgschaftsr. 13 N. 4.

scheint das Wohnrecht (ἐνοίκησις) des Gläubigers statt der Zinsen, aber gegen Aufzahlung (?) von 4 Kupfertalenten, in dem, nur dem Inhalt nach angegebenen, P. Oxy. 2, 339, a. 81—96, gestaltet. Die Antichrese gibt an sich dem Gläubiger keine dingliche Stellung, was, wenn wir es nicht schon wüßten[1], durch die Mietform hier bewiesen würde. Gerade da stärkt nun das Veräußerungsverbot offenbar die Position des Gläubigers. Außerdem mochte es die πρᾶξις in das Vermögen vorbereiten, doch keineswegs in erster Linie. Denn das μὴ ἐξέστω πωλεῖν l. 9 schließt sich an das βεβαιούτω τὴν μίσθωσιν l. 8 an, genau wie in den Hypotheken an das βεβαιούτω τὴν ὑποθήκην. Man kann sagen, ohne die πρᾶξις, die sich aus dem Formular ganz leicht wegdenken läßt, hätte der Gläubiger kraft des Veräußerungsverbots, wenn es dinglich wirkte, ein Bewahrungs- und Nutzpfand am Grundstücksteil.

---

[1] Mitteis, Z. d. S.-St. 28, 384 und schon Hermes 30, 607. Ich möchte aber, wie schon Z. d. S.-St. 28, 318 N. 5 angedeutet, zwischen den verschiedenen von Mitteis aufgeführten Urkunden unterscheiden. BGU 101 gibt ein Nutzrecht, BGU 339 aber gibt nur eine eventuelle Antichrese (für den Säumnisfall) wegen Zinsen, Vertragsstrafe und Steuern bis zur Kapitalzahlung, ebenso Teb. 390 ἀντὶ τόκου (l. 23), beide neben der πρᾶξις, die sich auch hier als Fremdkörper im Formular erweist. Gleichen Charakters wäre Grenf 2, 72, falls dort das χρήσασθαι κατὰ εὐπορείας nicht vielmehr eine Exekutivklausel ist. Auf dem Gedanken eines aufschiebend bedingten Nutzpfandes beruht auch die καρπεία, welche Epiktetas Stiftung col. III l. 5. (Recueil 2 p. 82) verfügt, falls die Rente nicht gezahlt wird, wobei aber eine dingliche Haftung der Grundstücke sicher scheint (col. I l. 31). Eine Kombination der Nutzung vor und nach dem Zahlungstermin liegt in dem im Text besprochenen Londoner Fall vor. Der erwähnten καρπεία des Statuts von Thera steht nahe die Hereinbringung der ewigen Rente im Νόμος Αἰγιάλης durch Verpachtung der als „Hypothek" haftenden Grundstücke; beide beschränken übrigens die Pfandvollstreckung auf den Wert der geschuldeten Rentenbeträge. Vgl. dazu noch Partsch, Bürgschaftsr. 414 N. 7 und Pappulias 171—173.

5

Es erübrigt die bereits mehrfach besprochene[1] Eingabe Lond. 3 p. 111 col. 3 a. 246. Ein Darlehnsgläubiger beruft sich auf die Gesetze, welche eine Veräußerung zum Nachteil der Gläubiger verbieten, insbesondere auf einen Erlaß von Severus und Caracalla, und führt aus: *ἐδάνισά τινι ἀργύριον — κατὰ χιρόγρ⟨αφ⟩ον καὶ ἐπ(ε)ὶ [ὑφ]ορῶμαι νῦν μὴ ἐξαλ⟨λ⟩οτριῶσοι τὰ ὑπάρχοντα αὐτοῦ πρίμ μη* (l. *με*) *κατελιθεῖν εἰς Ἀλεξάνδρ[ειαν] καὶ τοῖς νόμοις χρήσασθ[α]ι. . . .* Er wünscht *παράθεσις* seines „*δίκαιον*" bis er vom *καταλογεῖον* [den Vollstreckungsbescheid erhalten haben wird].[2] Dieses Gesuch wird bewilligt und der Bibliothek die Erfüllung des Ansuchens, also die vorläufige Eintragung des „*δίκαιον*" anbefohlen. Während Wilcken in einer Lücke des Textes die Anspielung auf ein Pfandrecht des Gläubigers sucht, ist nach Mitteis „der obligatorische Anspruch des Gläubigers auf Zahlung seines Darlehns im Kataster vermerkt worden". In der Tat würde beim Vorhandensein eines Pfandrechts der Gläubiger sich kaum mit dem bloßen Hinweis auf das *ἐδάνισα* begnügen. Der Gläubiger, der nach Alexandria reisen will, um *τοῖς νόμοις χρήσασθαι* (l. 7), wünscht dort sicherlich beim Archidikastes (im *καταλογεῖον*, l. 10) den Beginn des Pfändungsverfahrens,[3] analog BGU 578. Da er fürchtet, in der Zwischenzeit könnte der Schuldner durch eine Veräußerung die Zwangsvollstreckung „vereiteln oder wesentlich erschweren" (D. ZPO. §§ 917. 935), beantragt und erhält er jene Eintragung. Unter dieser mag man sich buchtechnisch und materiell verschiedenes vorstellen. Es könnte dem Sinne nach wie in Teb. 318 ein Veräußerungsverbot zur Sicherung künftiger Vollstreckung gemeint sein, analog unserer einstweiligen Verfügung (ZPO. §§ 938 II. 941), oder auch, da das „Recht" ein-

[1] Mitteis, Z. d. S.-St. 28, 381 f.; Wilcken, Archiv 4, 540; Lewald, Beiträge 72; Cuq, Nouvelle revue hist. 1908, 285 ff.; Eger, Grundbuchwesen 63 ff.

[2] Eger 64 N. 8.

[3] Koschaker, Z. d. S.-St. 29, 34 N. 1.

getragen wird, vorläufige Vollstreckung selber, also Beschlagnahme durch Pfändung, analog unserem dinglichen Arrest (vgl. ZPO. § 932 oder noch besser Österr. Ex. O. § 374). Über die Wirkung erfahren wir leider nichts; doch wäre ein dinglicher Vorrang des eingetragenen δίκαιον nicht wunderbar. Es ist ja fraglich, an wen die Eingabe gerichtet ist,[1] nicht fraglich aber, daß der Adressat eine Kognition geübt hat; sonst hätte das Ansuchen direkt an die Bibliothek geschehen können. Der Gesuchsteller gibt den „Anspruch" und die „Arrestgefahr" an. Die „Beglaubigung", die heute gefordert ist, scheint freilich zu fehlen. Doch dürfte dies auf Rechnung dessen zu setzen sein, daß wir — wie Wilcken mit Recht meint — einen Auszug, nicht das Original vor uns haben. Im Volltext war gewiß hinter den Worten κατὰ χιρόγραφον Datum und Inhalt der Urkunde mehr oder minder genau wiedergegeben, die letztere wird auch nicht der stereotypen Exekutivklausel ermangelt haben. Bei einigermaßen umsichtiger behördlicher Kognition begegnet eine derartige vorsorgliche Maßnahme zur Sicherung der demnächst beginnenden Zwangsvollstreckung schwerlich größeren Bedenken als mittelalterliche Arreste. Für das Altertum möchte man, neben den Veräußerungsverboten des Prätors[2] besonders an jenes prohibere distrahi fundum durch die Consuln denken, das ein Reskript der divi fratres, bei Ulp. D. 50, 12, 8, vorsah, um einen Anspruch auf Errichtung eines Bauwerks, d. h. wohl auf Schadenersatz, gegen einen Relegierten zu sichern.

Dies ist unser Material. Werfen wir nun einen Blick auf die eingangs erwähnten Forschungsergebnisse der Germanisten.

---

[1] Vgl. Wilcken a. O. [Eger 66 ff. macht wahrscheinlich, daß der Stratege angegangen ist, mit Hinweis auf den neuen P. Giss. Inv. 19.]

[2] Mitteis, RPrivR. 254 N. 71. Über die Durchsetzung mit wahrscheinlich fiktizischer actio utilis Lenel, Ed. perp. ([2]) 181 bei N. 8.

III. Die germanistischen Theorien.

Von Dispositionsbeschränkungen des Verpfänders wird aus verschiedenen Ländern berichtet; z. B. aus dem altrussischen Recht[1] und aus dem modernen indischen Gewohnheitsrecht.[2] Auch den demotischen Verträgen scheinen sie nicht fremd zu sein.[3]

In viel günstigerer Lage als diesen wenig erforschten Gebieten gegenüber befindet sich die Rechtsvergleichung im Hinblick auf den germanistischen Quellenkreis. Seit dem 9. Jahrhundert nachweisbar, ist das Dispositionsverbot bei Liegenschafts- und Fahrnisverpfändung der späteren Zeit eine fast alltägliche Erscheinung. Freilich dürfte es nicht bei allen Formen der Sachhaftungen zu beobachten sein. Sein Hauptgebiet ist offenbar die Satzung ohne Gewereübertragung.[4]

---

[1] Neubecker, Z. d. S.-St. 20, 283.

[2] Kohler, Ztschr. f. vgl. Rechtsw. 7, 194.

[3] Révillout, Précis de droit égyptien 2, 1260 f.: Antichrese in solutum, 39. Jahr des Euergetes II (oben S. 27 N. 2); vgl. p. 1215/6.

[4] Daß nicht diese allein das Verbot kennt, beweisen sofort aus langobardischer Zeit Codex Cavensis 1, 91 p. 117 Salerno a. 882 (Mitbesitz der Parteien). Ficker, Forschungen 4 n. 95 Salerno a. 1115 (specialis obligatio, d. h. Verfallspfand ohne Nutzung, mit der Verfallsabrede in Form suspensiv bedingten Kaufs.) Über deutsche Beispiele vgl. Meibom, Pfandr. 428 f. u. Ang.; Stobbe, Hdb. 2², 309 N. 15f.; Kohler, Pfandrechtl. Forsch. 23f.; Heusler, Instit. 2, 149; E. Huber, SchweizPrivR. 4, 788 N. 9; Herbert

Außerdem wird in mittelalterlichen Stadtrechtssatzungen vielfach dem Verpfänder von Rechts wegen verboten zu veräußern.[1] Im Zweifel würde ich glauben, daß damit wie so häufig nur die Urkundenpraxis zum Gesetz erhoben wurde, doch ist auch dies m. W. noch nicht systematisch untersucht.

Die Meinungen über die Bedeutung der Klauseln und Gesetze gehen nun sehr stark auseinander.[2] Nach Ansicht einiger Gelehrter sollen damit dem Gläubiger nur faktische Unannehmlichkeiten erspart werden, und dies mit unzureichendem Erfolg, da die Veräußerung durch den Pfandeigentümer doch gültig bleibt und der Prozeß mit dem dritten Erwerber daher nicht verhütet wird. Andere, wie v. Meibom, Sohm und in anderer Wendung Stobbe leiten aus der Klausel Schlüsse auf das ursprüngliche Wesen der sogen. neueren Satzung ab. Namentlich sah man in ihr den deutlichen Beweis dafür, daß die gewerelose Satzung auch an Liegenschaften zuerst ein bloß obligatorisches oder ein beschränkt dingliches Recht gab und sich erst allmählich zur vollen dinglichen Wirksamkeit erhob. Neuerdings lehrt E. Huber, in der Schweiz sei die neuere Satzung aus der „Anweisung auf den Grundbesitz" entstanden, und am schärfsten ausprägend Egger[3]: das gewerelose Pfandrecht gehe aus von der vertragsmäßigen Unterwerfung einer Sache unter die exekutive

Meyer, Neuere Satzung an Fahrnis und Schiffen (1903) 38 f. 82 f. 96 101. 118; Gierke, DPrivR. 2, 821 N. 67 vgl. N. 66; 962 N. 35. Über Frankreich Egger, Vermögenshaftung und Hypothek bes. 137 f. Zum Sachenrecht vgl. neuestens auch Maurer, Vorlesungen über altnord. Rechtsgesch. 3 (1908), 343 ff. 420 f.: der Pfandgläubiger muß binnen eines Jahres sein Pfand von einem dritten Erwerber einklagen.

[1] Vgl. z. B. die Stellen bei Meibom, Pfandr. 428 N. 92; Gierke a. O. N. 66; besonders auch die Bestimmungen in schweizerischen Städten, Meyer a. O. 119 ff.

[2] Vgl. die Lit. bei Gierke 820 N. 62.

[3] A. O. bes. 144. 157. 170. 482 f. Gegen ihn s. Gierke 819 N. 59 und Stutz, Z. d. S.-St. G. A. 27, 428 f.

Beschlagnahme, dem Konventionalarrest, beschränkt auf einzelne Sachen, aber genau parallel der Generalverhaftung des ganzen Vermögens, obligatio omnium bonorum. Beide dienen von Haus aus dazu, die Zwangsvollstreckung in das Vermögen überhaupt zu ermöglichen. Erst der Zugriff erzeugt anfangs die dingliche Wirkung. Aber daß bei der obligatio specialis der Verpfänder kraft vertraglicher Bestimmung und weil die neuere Satzung zugleich als Fronung, Vorwegnahme des ersten Exekutionsschrittes gilt, bis zum Zugriff nicht veräußern und belasten darf, das steigert dann die Obligation zur Haftung der Sache noch in dritter Hand.

Im völligen Gegensatz hierzu hat neuestens Gierke seine Pfandrechtstheorie dargelegt.[1] Er schreibt der jüngeren Satzung an Grundstücken schon von Anfang an den echten „Pfandrechtsgedanken“ zu, nicht bloß den „Haftungsgedanken“. Die vollwirkende Satzung ohne Gewereübertragung ist danach allmählich auf mannigfachen Wegen aus der aufschiebend bedingten Übereignung oder dem Besitzpfand gewonnen worden. Die Veräußerung des Grundstücks aber war dem Schuldner, „ursprünglich wegen der hiermit für den Gläubiger verbundenen Gefahr verboten“ (N. 66), eine Gefahr, die in dem drohenden Verlust des Rechts durch Verschweigung besteht, wenn der dritte Erwerber die rechte Gewere erlangt (N. 65).

Ein ähnlicher Gegensatz der Ansichten zeigt sich bei der Fahrnishypothek, welche H. Meyer dem deutschen Recht in weitem Umfang zuschreibt, während die herrschende Meinung die wirkliche Verpfändung beweglicher Sachen ohne Besitzübertragung nur als Ausnahme neben der bloßen Einräumung eines Beschlagsrechts auffaßt.[2] Das auch hier vielfach auftretende Verbot der

---

[1] DPrivR. 2, 818. Mit ihm stimmt in der Grundanschauung Schultze, Z. d. S.-St. Germ. A. 21, 325 überein, wie aus meinem Resumé, Z. d. S.-St. 28, 369 N. 4 ersichtlich ist.

[2] Meyer, Neuere Satzung usw. 80 ff. Gegen ihn Gierke 961 N. 32. S. auch die Darstellung bei Schröder, DRechtsgesch. (5) 732.

Veräußerung erklärt H. Meyer nicht aus einem Mangel in der sachenrechtlichen Vollkraft gerade des Pfandrechts, sondern aus der Gefahr des Pfandrechtsverlustes durch gutgläubigen Dritterwerb nach dem Satz: Hand wahre Hand, also aus allgemeinen Prinzipien der Sachverfolgung, wie sie auch dem Eigentum entgegenwirken. Demnach hätten wir weder bei Immobilien noch bei Mobilien aus den Dispositionsbeschränkungen auf mangelnde Dinglichkeit des Pfandrechts zu schließen, sondern nur auf Schutz gegen die mangelhafte Verfolgbarkeit der dinglichen Rechte zufolge rechter Gewere oder gutgläubigen Fahrniserwerbs.

Beigefügt sei aber folgendes. Natürlich hing die Dinglichkeit des Pfandrechts überall von der Beobachtung der jeweils vorgeschriebenen Form der Verpfändung ab. Vielenorts war die Fahrnishypothek gar nicht anerkannt, so daß ihr kein Vorzug gegenüber späteren Verfügungen und Pfändungen zukommen konnte.[1] Und vor allem gab es nichthypothekarische Sachhaftungen wie die Generalobligation, Vermögenssatzung, wo das Veräußerungsverbot bezeugt ist[2] und offenbar unter allen Umständen eine weiterreichende Funktion tragen mußte, als bei wirklich dinglicher Satzung.

Von einer andern Seite noch wird übrigens die Frage durch Puntschart und H. Meyer beleuchtet. Das Versprechen, nicht zu veräußern, ist ein Anwendungsfall des Treugelöbnisses, dessen Bruch dem Gläubiger den Zugriff auf den Schuldner selbst eröffnet, das m. a. W. die persönliche Einständerschaft bewirkt. In der näheren Bezeichnung des ohne Treugelöbnis vorhandenen Rechtszustands unterscheiden sich die beiden Schriftsteller. Während Meyer glaubt, durch die Verpfändung als solche werde der Verpfänder in der Verfügung über das Gut nicht beeinträchtigt und erst das Treugelöbnis wolle ihn darin hindern, sieht

---

[1] Beispiele auch bei H. Meyer selber, z. B. S. 96f.

[2] Meyer 17 f.; Gierke 825 N. 88.

Puntschart in der Dispositionsbeschränkung eine Wirkung des Pfandvertrags, „dessen Wirksamkeit sich in der dinglichen Rechtswirkung keineswegs erschöpft“, sondern kraft seiner „persönlichen Rechtswirkung“ gegen die freie Dispositionsfähigkeit des Pfandschuldners gerichtet ist.[1] Das Treugelöbnis mit seiner Erzeugung der persönlichen Haftung schaffe nur eine Sicherheit für das Halten und Erfüllen des Vertrags, nicht die Verpflichtung selber, die vielmehr auf dem Pfandvertrag beruhe. Einig ist man aber darin, daß eine dingliche Garantie nicht erreicht wird, sondern nur ein Druck auf den Verpfänder, den die schweren Folgen der persönlichen Haftung bedrohen. Wir haben auch in den antiken Rechten Spuren des Treugelöbnisses,[2] doch muß die Frage, wie sich Treugelöbnis und Pfandvertrag zueinander verhalten, füglich einer umfassenderen Untersuchung vorbehalten bleiben.

In der Hauptsache lernen wir vor allem, daß nach Ansicht aller Neueren jene Vertragsklauseln einen handgreiflichen praktischen Zweck hatten, indem sie einem Mangel in der Rechtsstellung des Pfandgläubigers entgegenzuwirken bestimmt waren. Sodann verdient die Vielfältigkeit der denkbaren Erklärungen an sich schon hohe Beachtung. Es ist der Erörterung des spärlichen griechischen und, wenn ich nicht irre, auch des germanischen Materials nicht förderlich gewesen, daß man an die Verbote jeweils nur eine einzige Auffassung heranzubringen pflegt.

---

[1] So Puntschart in seiner wichtigen Rezension der Meyerschen Schrift, Krit. Vierteljschr. 47 (1906), 2. (falsch paginierter) Teil S. 49—71, bes. S. 54 f. 61 f. vgl. 62 f.

[2] Vgl. bereits für das römische Recht Mitteis, Herkunft der Stipulation, Festschr. f. Bekker; für das griechische Partsch, Bürgschaftsrecht; für die späte Formel des P. Straßb. 40 auch Wenger, Gött. Gel. Anz. 1909, 305 f.

Unsere Klausel tritt bei verschiedenartigen Geschäften auf.[1] Auch das wäre möglich, daß man überhaupt nicht mit einer einzigen Erklärung auslangt. Voraussetzungen und Wirkungen müssen in verschiedenen Zeiten, Gegenden und Anwendungen nicht die gleichen gewesen sein.

Kehren wir nun zu unseren Quellen zurück.

---

[1] Auf die Vermögenssatzung älteren Stils habe ich schon hingewiesen. Umgekehrt paßt z. B. Eggers Theorie ganz gewiß nicht auf Urk. Ficker 4 n. 95.

IV. Die Wirkung der Veräußerungsverbote als solcher.

Ehe untersucht wird, wie die Dispositionsverbote sich in das römisch-ägyptische Archivwesen fügen und wie sie zum Pfandrecht stehen, ist zu fragen, welche Verbotwirkung sich nach gemeingriechischem Recht erwarten läßt. Die Germanisten leugnen jetzt einen dinglichen Effekt vertragsmäßiger Verbote; nur die persönliche Haftung des Promittenten auf Ersatz oder Buße, oder die Ehrenstrafen seien dadurch vermittelt worden. Doch werden Ausnahmen zugegeben, namentlich habe ein urkundliches Veräußerungsverbot eine Reluitionsklage des Gläubigers gegen den Dritten hervorrufen können.[1]

1. Das griechische Recht scheint eher das Gegenteil nahe zu legen. Die nähere Bestimmung, wie weit ein Recht an einer Sache die Macht zu verfügen einschließt[2] oder nicht, wird von den Griechen sehr viel und sichtlich mit größter Freiheit gehandhabt. Sie beschränkt sich nicht auf Gesetze,

Z. B. das Dekret des achäischen Bundes zur Ordnung der Verhältnisse mit dem in den Bund aufgenommenen Orchomenos

[1] Vgl. H. Meyer, Neuere Satzung 7 f. 84 f.; Puntschart, Krit. Vierteljschr. 47 II, 61 f.

[2] Vgl. z. B. die Schenkung des Königs Kassander, Recueil 2, XXV A § 1 l. 11 (p. 116); aus den Papyri etwa die bei Kübler, Z. d. S.-St. 28, 194 N. 4 angeführten Stellen der Testamente, und namentlich die Übereignungsformel der Kauf- und παραχώρησις-Verträge.

in Arkadien, ca. 234 v. Chr., Dittenb. Sylloge(²) n. 229, l. 11, Veräußerungsverbot gegen die Neubürger, wofür Dittenberger, Hermes 16, 181 f. auf das römische Verbot (zur Zeit Caesars) an die deduzierten Kolonisten, binnen 20 Jahren ihre Äcker zu verkaufen, Appian Bell. civ. 3, 2 i. f. verweist.

gesetzlich sanktionierte Stiftungen,

Z. B. Testament der Epikteta, Thera, gegen 200 v. Chr., II 13, Recueil 2, XXIV A, § 4 (p. 80): Unveräußerlichkeit des der Tochter und Nachkommen zu Eigentum hinterlassenen *μουσεῖον*. Ähnlich anscheinend eine Stiftung von Eresos auf Lesbos, IG. XII 2, 529: Unveräußerlichkeit gestifteter Gegenstände.[1]

oder Grabwidmungen,

Z. B. die Widmung des Diomedon, Cos, 2. Jahrh. v. Chr., Recueil 2, XXIV B, § 5 (p. 96). Über die römischen Grabinschriften vgl. jetzt Kübler, Z. d. S.-St. 28, 195; Bruns, fontes (7), p. 377—380. — Die Grabinschrift des Königs Antiochos I., Kommagene, Dittenb. Orient. Graec. I. Sel. 1, p. 603 n. 383 mit dem Verbot l. 195 *μήτε ἐξιδιάσασθαι μήτε ἐξαλλοτριῶσαι μήτε διατάξαι κτλ.* gehört als „*Νόμος*“ zu den Gesetzen im engeren Sinn.

sondern kehrt überall wieder, wo Rechte übertragen und auch, wo, wie in unserem Fall, Rechte zurückbehalten werden. Das letztere, die rein negative Beschränkung, sei eigens hervorgehoben, da dabei größere Schwierigkeiten vermutet werden könnten.

a) Verbote gegen Erwerber.

Der Pächter darf bald weiter verpachten, bald nicht;[2] der Erbpächter ist in der Übertragung seines emphyteutischen Rechts mehr oder minder beschränkt:

Verbot zu verkaufen und zu verpfänden: Gortyn, Recueil 1, XIX, D, col. 2 (p. 402); Verbot zu verpfänden: Herakleia,

[1] Dies die Auslegung von Partsch, Bürgschaftsrecht 1, 173 N. 1.

[2] Material bei Waszyński, Bodenpacht 1, 94. Verbot in Teb. 105 l. 38.

ebda. 1, XII, § 14, l. 149 ff. (p. 208), vgl. §§ 3, 15; Mylasa, Le Bas et Waddington Voyage III, 2, 404. Nicht zu veräußern, während der Zins geschuldet wird: Mylasa, Recueil 1, XIII, quater C, l. 7 (p. 248).[1] Aus dem Anfang des 3. Jahrh. n. Chr. stammt das proconsularische Edikt über die Emphyteuse in Thisbae, Sylloge (²) II n. 533, l. 47: verboten ist Verpfändung und testamentarische Vergabung an Nichtbürger bei Nichtigkeit und Rückfall des Grundstücks an die Stadt.

Oft legen die Erblasser auf die vergabten Rechte Verbote der Veräußerung. So Theophrast betreffs der der Schule „ὡς ἱερὸν" gewidmeten Grundstücke, Diog. Laert. 5, 53; Plato, ebd. 3, 41 betreffs einer Liegenschaft; Aristoteles, ebd. 5, 15, für seine hinterlassenen Sklaven bis zur Freilassung. So in den Testamenten der Papyri Oxy. 3, 491 a. 126 n. Chr. l. 7: Verbot an die Erben zu veräußern, bis sie 20 Jahre alt sind, und Oxy. 489 a. 117 l. 10: Verbot an die Kinder, das an sie gelangende Vermögen an andere als ihre Nachkommen zu hinterlassen. Vgl. auch P. Petrie III, 19 (c) a. 224 v. Chr., l. 33,

Die Ergänzung in der Ausgabe zu l. 32/3 ist unhaltbar. Nach dem Sinn wäre ungefähr zu erwarten: *ἐάν τι πάθηι Ἀρτε[μιδώρα, χωρὶς τοῦ ἡμ]ίσους τοῦ [ἀμπε]λῶνος οὗ καταλίπω Ἀριστοκράτῃ τὰ λοιπ[ὰ πάντα τῶν χρημάτ]ων Ἀρισ[τοκράτει καὶ Πτολεμαίῳ κατ]αλεί[πω]*. Daran schließt sich: *καὶ [μ]ὴ ἐξέστω Ἀρ[— — ἀπε]νέγκασθα[ί τι τῶν ὑπαρχόν]των μου μηδ' ἐξαλλο[τριῶσαι — — ἄ]κυρος ἔστω.* Hat etwa *Ἀρ[τεμιδώρα* dagestanden, so wäre dies ein ptolemäisches Beispiel des Veräußerungsverbots gegen den Fiduziar.

Ein vollständiges Familienfideikommiß mit Hilfe des Veräußerungsverbots bietet das dem Scaevola D. 31, 88, 15 vorgelegte

[1] Vgl. überhaupt Pappulias, Ἐμπράγματος ἀσφάλεια 72. — Gehört das von Homolle, Bull. Corr. Hell. 14, 152 N. 1 mitgeteilte Fragment des delischen Pachtstatuts nicht vielleicht in diesen Zusammenhang?

griechische Testament.[1] Verwandt damit ist die in einen Kaufvertrag aufgenommene Schenkungsauflage P. Lond. 3, 1164 (f), p. 160 (a. 212), l. 26 ff.: die Mutter kauft ein halbes Haus für die Kinder,[2] welche sofort Eigentümer werden. Keinem der Käufer soll erlaubt sein, den ihm zustehenden Bruchteil auswärts (*ξένῳ*) zu verkaufen, sondern nur den Genossen (*κοινωνοῖς*) gegen den Ankaufspreis. Den Priestern, welche in P. Oxy. 242 a. 77 Land zum Kultus des Sarapis in Kaufform erwerben, wird vorgeschrieben, daß sie es weder fruchtbringend nutzen noch verkaufen dürfen (l. 19 ff.). Erwähnt sei noch des romanistischen Interesses halber ein mit Psephisma bestätigtes Vindikationslegat aus Teira in Lydien, wo der Erblasser zwecks jährlicher Feier des kaiserlichen Geburtstags der Gemeinde den Ususfrukt an einem Feld hinterläßt (*δί[δωμ]ι καταλείπω — τ[ῇ τῶν Τει]ρηνῶν κατοικίᾳ χρῆ[σθαι νο]μῆς καὶ καρπ[ε]ίας*), welches unveräußerlich bleiben soll (*μένοντος αὐτοῦ [ἀνεξ]αλλοτριώτου.*[3]

---

[1] Vgl. dazu und zu den römischen letztwilligen Verboten einschließlich BGU 326, I, 9 (sonstige Lit. bes. bei Arangio-Ruiz, Successione testam. 229 ff.) Kübler, Z. d. S.-St. 28, 194; über die Wirkung Pernice, Labeo III 1, 60 N. 5; Mitteis, RPrivR. 1, 254 N. 72, 73, 75 (wo zu den Quellen für vertragsmäßiges Freilassungsverbot C. 4, 57, 5 beizufügen ist).

[2] Genauer sagt der Pap., die Mutter kaufe namens dreier Kinder zu drei Viertel, und das vierte Viertel kaufe die verheiratete Tochter. Aber die Mutter hat den ganzen Kaufpreis bezahlt (arg. l. 18. 26).

[3] Mitt. des d. arch. Inst. in Athen 3, 57. Der Editor Kerameus erklärt, den (bedenklichen) Anfang und die linke Hälfte nach einer älteren Abschrift des inzwischen verstümmelten Marmors hergestellt zu haben. Keinesfalls ist aber die Interpunktion richtig. Mit *ὑπογέγραπται* muß die Überschrift schließen. Dann beginnt der Auszug aus dem Testament: *Ὅς ἄν μου κληρονόμ[ος γένη|ται]* — so nach BGU 326, I, 13/4, statt des unmöglichen *κληρονομ[ῶν|ται]* — *δίδωμι καταλείπω κτλ.*· Vielleicht infolge der mangelhaften Auffassung des Herausgebers ist das Stück bisher den Romanisten entgangen.

b. An Verboten gegen einen Rechtsinhaber als solchen haben wir außer unseren Verboten in Sicherungsverträgen zwei Beispiele. Erstens in den Eheverträgen: die ägyptischen Ehegatten pflegen in Gütergemeinschaft zu leben, und der Mann verpflichtet sich, von dem ihm gehörigen Gut nichts ohne Zustimmung der Frau zu veräußern. So am klarsten in P. Teb. 104, 92 v. Chr., wo die Frau nur eine Mitgift in Geld mitbringt, l. 22: *τῶν ὑπαρχόντων μηθὲν ἐξαλλοτ[ρ]ιοῦν ἐπ' ἀδικίαι τῆι Ἀπολλωνίαι*, und sicherlich ebenso in P. Gen. 21 = Archiv f. Papyrusf. 3, 387 (2. Jahrh. v. Chr.) l. 6: *μὴ ἐξέστω — — μηδὲ τῶν ὑπαρχόντων μηθὲν [ἀ]λλοτριοῦν ἄνευ τοῦ ἐπιγραφῆναι τὴν Ἀρσινόην βεβαιώτριαν*, ferner Oxy 496 a. 127 n. Chr., l. 7:] *πωλεῖν οὐδὲ ὑποτίθεσθαι οὐδὲ ἄλλως καταχρηματίζειν χωρὶς εὐδοκούσης τῆς γαμουμένης*, wonach auch Oxy. 497 (nach 100 n. Chr.) l. 2 ergänzt wird.[1] Zweitens erklären die zur Erbpacht gebenden Aixoneer, 346/5 v. Chr., es stehe ihnen, den Erbverpächtern, nicht frei, zu verkaufen noch einem andern zu verpachten, bis die 40 Jahre um sind.

CIA 2, 2, 1055; Recueil 1, XIII bis, § 2; Dittenb. Syll.(²) 535, l. 9 ff.

2. Nun ist ja klar, daß die Verletzung solcher Abreden oder auf das übertragene Recht gelegten Beschränkungen nicht überall die gleichen Folgen erzeugte. Abgesehen von den Besonderheiten der Sanktion, je nachdem ob Volksbeschlüsse, Dekrete, Sakralrecht, oder reine Privatakte gegeben waren, werden z. B. bei einem Verfügungsverbot gegen den Ehemann betreffs des ganzen Vermögens nicht wirklich alle Zuwiderhandlungen dinglich wirkungslos gewesen sein. Die *ὑπάρχοντα*, an die man dachte, waren wohl, allenfalls neben Sklaven, die Grundstücke. Auf solche allein war es ja auch berechnet, wenn man ein „*ὑπάλλαγμα* am gesamten gegenwärtigen und künftigen Vermögen" des Ehemanns zugunsten der

---

[1] Ebenso Oxy. 265, 14—16 mit Erg. Wilckens Arch. 1, 489. Oxy 603 [Vgl. auch Eger 51.] Undeutlich die Verbote Oxy. 496 l. 6 und 265 l. 23.

Mitgiftforderung der Frau ins διάστρωμα eintrug (BGU 1072, I,). In einer Reihe von Fällen ist indessen die Nichtigkeit der verbotenen Verfügung ausdrücklich bestimmt, so im Erbpachtvertrage von Gortyn und im oben zweitgenannten von Mylasa,[1] in der Inschrift von Eresos und in D. 31, 88, 15: ἐὰν δέ τις παρὰ ταῦτα ποιήσῃ, ἔσται τὸ χρηματιζόμενον ἄχρηστον καὶ ἄκυρον. Nach dem Testament der Epikteta soll jeder aus dem κοινόν der Verwandten berechtigt sein, die Veräußerung zu hindern (κωλύειν). Auch in unseren pfandrechtlichen Verträgen heißt es wiederholt: ἢ τὰ παρὰ ταῦτα ἄκυρα εἶναι, Flor. 1, l. 9; Straßb. 52, l. 10; Lond. 3, p. 136, l. 10. Es ist schwer glaublich, daß diese Absicht der Parteien regelmäßig nicht erreicht wurde. Andernfalls fände man mindestens immer eine Konventionalstrafe, die aber häufig ganz fehlt und noch häufiger keinen speziellen Bezug auf das Verbot zeigt, und die Verbote hätten kaum eine so weit ausgebreitete Verwendung gewonnen. Die gegenteilige Vermutung könnten uns nur die aus den römischen Quellen auf uns eingedrungenen Vorstellungen eingeben. Allein, es ist sogar die Frage, ob nicht auch Rom von einer viel größeren Vertragsfreiheit wußte, als die moderne in diesem Punkt unerbittlich absprechende Pandektenwissenschaft.

3. Vom testamentarischen Verbot hat bereits Mitteis[2] bemerkt, daß erst das Reskript von Severus und Antoninus D. 30, 114, 14 die Wirkungslosigkeit außer Zweifel gesetzt haben dürfte. Bedenklich ist aber auch der Satz, daß das vertragsmäßige Veräußerungsverbot in Rom der Dinglichkeit schlechthin entbehrte. Man pflegt ihn auf D. 2, 14, 61 zu stützen: Nemo paciscendo efficere potest, ne sibi locum suum dedicare liceat aut ne sibi in

---

[1] Im Fall von Herakleia tritt Strafbarkeit gemäß der Gesetze ein (ὑπόλογος ἔσσηται κατ' τὰς ῥήτρας); das ist wohl ein Plus. Die Nichtigkeit der Veräußerung kommt sogar in lateinischen Grabinschriften vor, Mitteis a. O. 255 N. 78.

[2] RPrivR. 1, 254.

suo sepelire mortuum liceat aut ne vicino invito praedium alienet. Die Inskription Pomp. 9 ad Sabinum lehrt, daß daselbst de emptione venditione gehandelt war. Lenel, Pomp. 531, N. 3 verweist dazu bereits auf Just. C. 4, 54, 9. Nach Justinians Bericht war es nun bei den klassischen Juristen streitig, ob der Verkäufer eines Grundstücks dem Käufer auflegen dürfe, ein Grab zu errichten oder anderswie den verkauften Ort dem jus humanum zu entziehen.

Das ist genau der Fall des Pomponius, nur daß dieser noch beifügt: aut ne vicino invito praedium alienet, und daß Justinian dem Kauf andere Veräußerungen gleichstellt. Letzterer entscheidet die alte Kontroverse im Sinn der — offenbar dinglichen (vgl. § 1) — Gültigkeit des Pactums: forsitan enim multum eius intererat, ne ei vicinus non solum quem nollet adgregetur sed et pro quo specialiter interdictum est. Danach handelt es sich um einen besonderen Fall, das Verbot durch den Nachbar bleibenden Verkäufer, und die Vertreter der Nichtigkeit haben vielleicht behauptet, trotz der Nachbarschaft sei der Verkäufer am Verbot nicht genügend interessiert, um darauf eine Beschränkung der persönlichen Freiheit des Käufers zu gründen.[1] Mögen sie aber welchen Gesichtspunkt immer geltend gemacht haben, wir kennen keine andere Erwägung, und wir müssen überdies annehmen, daß die Frage streitig war. Ja, hält man sich nur an Pomponius und an das bei Justinian angegebene Motiv des Streits, ob das pactum „gelte", so kommt man auf die Ungültigkeit auch des obligatorischen Geschäfts (mangels Interesses des Gläubigers), was zweifellos die Verallgemeinerung auf alle Verbote nicht verträgt. Aus dieser l. 61 zu folgern, das vertragsmäßige Veräußerungsverbot — und gar jedes! — sei dinglich unwirksam gewesen, geht nicht an.[2]

---

[1] Diesen Punkt bemerkte bereits Dernburg, Pfdr. 2, 20. 25.

[2] D 18, 1, 75 und D 19, 1, 21, 5 beschäftigen sich nur mit den obligatorischen Wirkungen, aber auch nur mit dem pactum de retrovendendo und ähnlichem.

Auf der andern Seite wissen wir, daß nach Sabinus, vgl. Ulp. ad Sab. D. 17, 2, 16, 1, ein auf Teilung für bestimmte Frist verzichtender Miteigentümer nicht verkaufen „kann“ (poterit),[1] damit er nicht den Erfolg der Abrede vereitle. Vielleicht ist dieses „Nichtkönnen“ nur ein schuldrechtliches Unterlassensollen, vielleicht aber, und so dürfte es Ulpian verstanden haben, wollte Sabinus wirklich sagen, der Nachfolger des Miteigentümers gelte als nicht zur actio communi dividundo (Paul. D. 10, 3, 14, 3) oder pro socio legitimiert; hiernach müßte ein ausdrückliches Veräußerungsverbot um so mehr dinglich gewirkt haben.[2] Ulpian verbessert dies nun allerdings. Der Verkauf sei nicht gehindert, sondern der Klage des Käufers auf Teilung stehe die exceptio pacti im gleichen Umfang entgegen wie dem Verkäufer. Beachten wir indessen gerade diese Erstreckung des Pactums auf den Erwerber, welche dem Satze entspricht: rei cohaerentem exceptionem etiam emptori nocere (D. 44, 4, 4, 27), so sehen wir doch, wie man je nach Lage des Falles mit den Hilfen des prätorischen Rechts auch einem Veräußerungsverbot inter vivos Wirksamkeit gegen den Erwerber verschaffen mochte. — Weiter abzuschweifen, ist nicht erlaubt.

4. Es ist überflüssig, auseinanderzusetzen, mit wie viel Fehlerquellen wir soeben gearbeitet haben, wenn wir hellenische und gräkoägyptische Urkunden einfach nebeneinanderstellten. Mathematisch genaue Beweise in solchen Fragen darf man aber nicht erwarten. Wieweit die rein national-ägyptische Auffassung hier überhaupt von Einfluß war und wie sie sich zu der Dinglichkeit vertragsmäßiger Verbote stellte, ist ganz unkontrollierbar. Im ganzen pflegen die Papyri sowohl demotischer als griechischer

[1] Vgl. Pernice, Labeo 1, 483; Lenel, Sabinussystem 69; Schulz, Sab. Fragm. 69. Auch hierauf hat bereits Mitteis, RPrivR. 1, 254 hingewiesen.

[2] Für diese Auslegung glaube ich mich auf Mitteis a. O. berufen zu dürfen.

Schrift die Grenzen zwischen dinglichen und obligatorischen Rechten und Rechtsfolgen zu verwischen. Dies entspricht dem Wesen des primitiveren Rechts. Aber wer wird aus solchen allgemeinen Wahrheiten Schlüsse auf einzelne Rechtsfragen ziehen wollen? Vielleicht nähme man am richtigsten an, daß in Ägypten die Parteien auf dingliche Rechtsfolgen der Verbote hinstrebten und daß die beabsichtigten Folgen nicht immer allseits klar anerkannt waren, in vorgeschrittener, vollends in römischer Zeit wohl klarer als ehedem. — Jedenfalls schließt übrigens selbst die sachenrechtliche Nichtigkeit verbotener Veräußerungen des Verpfänders nicht aus, daß die in Pfandverträgen stipulierten Konventionalstrafen gegen Vertragsverletzung sich auch auf die verbotenen Verfügungen bezogen.

Nebenbei ließe sich noch fragen: hat man vielleicht die Beschränkungen des Verpfänders gelegentlich, so wie es in der Lombardei geschehen zu sein scheint,[1] auch durch Übergabe der Erwerbsdokumente gesichert? Laut BGU 301 a. 157 übergibt der Hypallagma-Besteller diese Urkunden (*οἰκονομίαι*) zur Sicherheit des Kapitals und der Zinsen, doch wird dies damit motiviert, daß in der Pfandhomologie der Erwerbstitel nicht genügend dargestellt ist, und der Gläubiger sich der Urkunden bei der Vollstreckung[2] bedienen solle.

[1] Ficker 4 n. 95 und dazu Schultze, Langob. Treuhand 91 f.

[2] Beim Verkaufe, meinte seinerzeit Gradenwitz, Einf. 118 f.

V. Die Dispositionsbeschränkungen und das ägyptische Grundbesitzarchiv.

Auch eine Erklärung unserer Papyri wird sondern müssen und zwar ebensowohl die Zeiten als die Gattungen der Urkunden. Die Zeitperioden insofern, als die Funktion einer stereotypen Formularklausel in einer gegebenen historischen Epoche nicht mit ihrer uranfänglichen Rolle übereinzustimmen braucht. Auf die isolierte Auslegung des Klauselwortlauts angewiesen, wie es oft und im wesentlichen leider auch hier der Fall ist, beurteilen wir eigentlich gerade dessen ursprüngliche Bedeutung mit größerer Sicherheit. Doch muß man natürlich von der Zeit der Abfassung der konkreten uns erhaltenen Dokumente ausgehen.

Das wichtigste Moment bei der Wirksamkeit unserer Klausel im römischen Ägypten ist sichtlich deren Verhältnis zum Grundbuchmechanismus. Nicht bloß die behördliche gegen künftige Veräußerung irgendwie schützende Verfügung des P. Lond. 3, p. 111 erzeugt eine Eintragung in die *βιβλιοθήκη ἐγκτήσεων*. Das Gleiche beantragt ausschließlich auf Grund des vertragsmäßigen Verbots die Gläubigerin in Teb. 318. Sie fügt höchst bezeichnend hinzu: [*φοβου*]*μένη μὴ λάθω* [*κατὰ*] *ṭὸ εἴς με δίκαι*[*ον*] *οἰκονομεί[ας]*: ihr Recht ist bisher ein heimliches, es soll durch die Eintragung an Kraft gewinnen. Übrigens wird in dem Pfandvertrag Oxy. 506, mit Veräußerungsverbot, dem Gläubiger gestattet, *ὁπόταν αἱρῆται κατοχὴν [—]χίσα[σθ]αι πρὸ τοῦ τῶν ἐγκτήσεων βιβλιοφυλακίου* (l. 49 / 50), so daß das einzutragende Recht das Verbot mit umschließt. Das Gleiche gilt von dem durch Veräußerungsverbot geschützten Recht der Ehefrauen aus den Ehepakten; ein Recht, dessen Natur freilich noch ziemlich ungeklärt ist.[1]

Welcher Art ist nun das „*δίκαιον οἰκονομείας*" des P. Teb. 318? Der Ausdruck ist vieldeutig, da *οἰκονομία* ebenso Vertragsurkunde als Verfügung oder ähnliches bedeuten kann. Doch leitet der verstümmelte Passus l. 20f.: *ἐπιδίδωμι εἰς τὸ τὴ[ν παράθεσιν γεν]έσθαι δ[. . . .] . τῆς τ[ά]ξεως κ[ατο]χίμων τ[* daraufhin, daß man auch hier die Verbuchung einer *κατοχή* bezweckt. *Κατοχή* besagt unter andern Bedeutungen, wie namentlich Besitz — man darf an die verschiedenen Bedeutungen der deutschen Gewere denken — bedingtes oder künftiges Recht, Anwartschafts-, Verfangenschaftsrecht,[2] Recht aus Haftung und *κατόχιμα* sind Grundstücke, an denen eine Haftung besteht.[3] Es ist bekannt, daß in

---

[1] [Über den Stand unserer Kenntnis s. Eger 50—52.]

[2] Vgl. Mitteis, Archiv 1, 189; Gradenwitz ebd. 333; Rabel, Elterliche Teilung, Basler Festschrift 1907, 537; derselbe, Z. d. S.-St. 28, 367; Mitteis, RPrivR. 374 N. 69; Lewald, Beiträge zur Kenntnis des römisch-ägypt. Grundbuchrechts, 1909, 58. — *κατέχεσθαι* (Pass.) wird ganz im Sinne unseres Haftens gebraucht; vgl. z. B. Lond. 3, p. 111 col. 1 l. 22: „wenn ich den Zuschlag nicht erlange, so werde ich nicht haften aus diesem Gebot"; epistula bei Scaev. D. 20, 1, 34 § 1: *ἡ ταβέρνα καὶ οἱ δοῦλοί μου οὐδενὶ κατέχονται ἢ σοί* (dazu Kübler, Z. d. S.-St. 29, 215). *Κατέχειν* = haftbarmachen im Schol. zu Homer Odyss. VIII 351, worauf Partsch, Bürgschaftsr. 1, 182 N. 4 aufmerksam gemacht hat.

[3] Hesych. *κατοκώχιμον, κατόχιμον, ἐνέχυρον.* — Moiris p. 221 *κατοκώχιμα· τὰ κατεσχημένα ἐνέχυρα, Ἀττικῶς* (vgl. Isae. 2, 28, oben S. 16). Nach

der Kaiserzeit eine solche Haftung von Grundstücken in die Bibliothek eingetragen zu werden pflegt. Von öffentlichrechtlichen abgesehen,[1] haben wir zweifellose Beispiele für die Verbuchung privatrechtlicher *κατοχαί*. So die soeben erwähnte Eintragung der pfandrechtlichen *κατοχή* in die *βιβλιοθήκη ἐγκτήσεων* nach P. Oxy. 506. So das Ersuchen eines Sohnes um *παράθεσις* seiner *κατοχή* aus dem Ehegütervertrag seiner Eltern, P. Oxy. IV, 713 a. 97, und das berühmte in der Bibliothek eingetragene *δίκαιον κατοχῆς* der Dionysia Oxy. 237, col. IV, 20, 33, VI, 22—24),[2] wobei das erstere sicher, das zweite wahrscheinlich unter die allgemeine Vorschrift des Mettius Rufus fällt, die Anwartschaftsrechte der Kinder (und der ägyptischen Ehefrauen) seien in die *ἐγκτήσεων βιβλιοθήκη* „beizusetzen", Oxy. 2, 237, VIII, 34, was der Präfekt Sulpicius Similis alles als *κατέχειν τὰ ὑπάρχοντα τῶν ἀνδρῶν* zusammenfaßt (l. 22). So endlich die Anmerkung der exekutiven Pfändung im Grundbuch; das Ersuchsschreiben der Vollstreckungsbeamten an die *βιβλιοφύλακες ἐγκτήσεων* lautet[3] in Oxy. 712, l. 3: *κατάσχετε οὖν πρὸς ἐνεχυρασίαν . . . . τὴν οἰκίαν* (l. 20) und wird daselbst l. 17 auch bewilligt („*παρετέθη*").

Das aus dem Veräußerungsverbot fließende und in der Bibliothek zu verbuchende Recht des Gläubigers ist also eine *κατοχή* und teilt, wie sofort betont sei, diesen Namen mit dem

---

P. Tebt. 1, 53 a. 110 v. Chr. sollen die *κλῆροι* von Schafdieben einem *κατασχεῖν* unterzogen werden (l. 25) = *κατεγγυᾶν τοὺς κλήρους* (l. 28), sie „verhaften" (über *κατεγγυᾶν* vgl. Partsch, Bürgschaftsr. 1, 67. 90. 124). Namentlich gehören hierher schon in ptolemäischer Zeit die Grundstücke, welche wegen öffentlicher Lasten mit Beschlag belegt sind, s. Grenfell-Hunt, P. Teb. 124, zu l. 25 und S. 555f.; Eger 50 N. 4. Vgl. noch Teb. 1, 27 l. 67 und die Listen *κατοχίμων κλήρων* Teb. 61 (b), 253 ff.; 70, 65 ff.; 72, 226 ff. Wegen der Haftung des Verpächters betreffs solcher Lasten s. Teb. 105, 48.

[1] Mitteis, RPrivR. 1, 374. [Eger 71 ff., wo auch das hier wichtigste Stück, BGU 619, erklärt ist.]

[2] Mit den Lesungen von Gradenwitz, Arch. 1, 334 f.

[3] Vgl. zu dem Pap. Lewald, Beiträge 67—70.

Recht aus der suspensiv bedingten Übereignung zur Sicherung (Oxy. 506) und wohl auch aus der exekutiven Pfändung (Oxy. 712). In dieser Hinsicht ist auch an CPR 1, 228 a. 205 zu erinnern, eine Quittung aus Herakleopolis über eine Teilzahlung von einer Schuld, welche besteht *ἐπὶ κατοχῇ παντὸς τοῦ πόρου σου* (des Schuldners) *ἀκολούθως τῇ ἀσφαλείᾳ*. Dabei ist *κατοχή* entweder eine Generalhypothek[1] oder die Haftung aus der Exekutivklausel; in der *ἀσφάλεια* wird etwas ähnliches gestanden haben, wie in Grenf. 2, 72 ca. 300 n. Chr., l. 9: *εἰ δὲ μὴ ἀποδῶ, ἐξέσται σοι χρήσασθαι κατὰ παντοίας μου εὐπορείας.*[2] In der allgemeinen Versicherung des Verkäufers, daß keine *κατοχή* an dem Grundstück besteht (z. B. Oxy. 483, 26; Lond. III 903 p. 117, l. 21) sind Pfandrechte neben sonstigen Belastungen inbegriffen.

Auch sonst kümmert sich die Bibliothek um die Lasten. Es entspricht wohl dem Sinne der bekannten Erlasse der Präfekten Mettius Rufus und Similis, wenn einigemale die auf Grund allgemeiner Aufforderung erstatteten Einbekenntnisse der Grundstückseigner belastende Rechte angeben oder versichern, daß solche fehlen.[3] Das gleiche geschieht bei Verkauf oder Pfandbestellung im Ansuchen um das *ἐπίσταλμα* der Bibliothek, d. h. um den Auftrag an das *γραφεῖον* oder *ἀγορανομεῖον* usw. zur Mitwirkung bei der Urkundenvollziehung.

Veräußerung von Eigentum: BGU 184, l. 25 a. 72. Lond. 3,

---

[1] Für Pfand erklärt sich in der Tat Mitteis, Archiv 1, 189 N. 1. Nahe liegt es, Flor. 67, II l. 48 heranzuziehen, wo Wilcken (Arch. 4, 451) gelesen hat: *κατεσχ[ῆσθαι —] τὸν πόρον*. Aber damit kann Beschlagnahme gemeint sein, vgl. die Erwähnung des *καταλογεῖον* l. 46.

[2] Mitteis, Hermes 30, 607 und Z. d. S.-St. 28, 384 sieht aber darin ein Nutzpfand. Vgl. oben S. 40 N. 1.

[3] S. Lewald, Beiträge 9 u. zu BGU 112 u. 136 Wilcken, Ostraka 462.

p. 116, 20 frühes 2. Jahrhundert. Lond. 2, p. 151, 12 a. 129. Pfandbestellung: Oxy. III, 483, 26 a. 108; 588 a. 108.[1]

Dürfen wir nach einem, leider ganz einzigen Beispiel schließen (BGU 379 a. 67), so erledigt die Bibliothek solche Ansuchen mit dem ausdrücklichen Vermerk, das zu verkaufende Grundstück sei *ὑπ' οὐδενὸς κρατούμενον*, d. h. niemand habe ein Recht daran. Danach ist es verständlich, daß in den darauffolgenden *ἀπογραφαί* der Eigentums- oder Pfandrechtserwerber lediglich die Vollziehung des Geschäfts betont und eidlich versichert, dagegen gewöhnlich nicht noch einmal die bisherige Lastenfreiheit hervorhebt. Immerhin hat der zweite Band der Tebtynis-Papyri Beispiele für das Gegenteil gebracht: n. 472 a. 120 und 323, 15 a. 127.

Endlich gehören hierher die Vorbehalte zugunsten früherer Rechte. Die Bibliothek selber wahrt bei der Bewilligung von Eintragungen die *πρωτοπραξία* des Fiskus und anderer Berechtigter (Straßb. 34, 25; Lips. 9, 33) oder *ἀδιακρίτως*, d. h. „mangels Prüfung“ des Buchstands alle öffentlichen und privaten Ansprüche (Oxy. 715, 36).[2] In BGU 919 behält der deklarierende Erbe die Protopraxie des Fiskus vor. Und in den eigenartigen Anzeigen von Käufern, welche mangels gehöriger Legitimation ihres Auktors noch nicht apographieren, d. h. vermutlich Umschreibung verlangen können (Class. Phil. I, 2, frühes 2. Jh.; BGU 243 a. 186, Gen. 44 a. 260 und in einem Hamburger Pap. vom J. 210), sowie in dem Ansuchen wegen vertragsmäßigen Veräußerungsverbots Teb. 318 bittet der Einschreiter selber um *παράθεσις* seines Rechts nur mit der Einschränkung: falls Vorrechte bestehen und eingetragen

[1] Zum Antrag vgl. Flor. 1, 11; Straßb. 52, 12, zur Eintragung des Pfandrechts BGU IV, 1038 l. 24 (Lewald 36 N. 2), Oxy II, 274; Lips. 8 und 9; BGU 1072 col. I 5—9; Teb. II, 389, 18; Lewald 23. 41 N. 2. Über Löschung des Pfandrechts BGU III 907; Lond. 2 p. 215, 14 (Lewald 46 u. Zit.); Lond. 3 p. 145 (b) l. 51/2; Oxy. III, 509, l. 15. [Zu alledem vgl. jetzt natürlich das Buch Egers.]

[2] Darüber vgl. Eger 154 f.

sind, solle ihnen aus dieser παράθεσις kein Hindernis entstehen. Der Tatbestand, der zu jenen Käufergesuchen führte, ist kürzlich scharfsinnig erklärt worden;[1] er ist jedenfalls besonders genug geartet, um Schlüsse auf den normalen Gang der Verbuchung aufs äußerste zu erschweren.

Überhaupt ist denn unsere Hauptfrage sehr schwierig. Wie ist die ganze Sorge der Bibliothek um die Vorrechte zu verstehen? Und unterscheiden sich Pfandrecht und Veräußerungsverbot in ihrer Wirkung auf spätere Eintragungen? Auf alle bisherigen Bearbeiter (und seit jeher auch auf mich selber) hat der Hergang den Eindruck gemacht, daß der Eintrag eines Pfandrechts die Einverleibung einer Veräußerung oder neue Verpfändung verhindere.[2] Auch dafür gäbe es eine gewisse Parallele aus

---

[1] Lewald, Beiträge S. 52 f. Nach dem gegenwärtigen Quellenstand hat es viel für sich, die παράθεσις = παραθεῖναι τῷ ὀνόματι, ταῖς ὑποστάσεσιν, zu fassen, als Anmerkung auf einem Folium im Gegensatz zur Umschreibung auf ein anderes Folium. So Eger 131 ff. Wo bisher das Wort παράθεσις in der Bedeutung „Eintragung" bezeugt ist, handelt es sich in der Tat nirgends um ein zu verbuchendes aktuelles Eigentum, vielmehr Oxy 713 um κατοχή des Sohnes, BGU 73 (Lewald 71) um Hypothek, BGU 1073 Steuerfreiheit, Oxy 472 (meine Ausf. Z. d. S.-St. 28, 360, a. M. Eger 110 N. 2) Fiduziareigentum usw. Wie ist aber die τάξις κατοχίμων[in Teb. 318 zu verstehen? Doch eine separate Liste von κατόχιμα, oder ist τάξις etwa Bureau? Auch sonst ergeben sich zahlreiche Zweifel. Aber die trefflichen Auseinandersetzungen Lewalds und Egers in Ansehung jener fünf Papyri noch um einige mehr oder minder hypothetische Erörterungen zu vermehren, hat wohl keine Berechtigung, weshalb ich meinen Dissens betreffs einiger Punkte unterdrücke. Für die liebenswürdige Gestattung der Einsicht in das unpublizierte Hamburger Stück habe auch ich Herrn Kollegen P. M. Meyer herzlichen Dank zu sagen.

[2] Dies ist bereits erwogen von Wilcken, Ostraka 1, 463, dann vermutet von Mitteis, Archiv 1, 195. Dafür auch Friedrich Bernhöft, Ztschr. f. vgl. Rechtswiss. 21, 191. Zweifelnd Lewald, Beiträge 29. BGU 1, 50 läßt sich, wie Lewald selbst bemerkt, in der Tat nicht als Argument verwenden; der Verkäufer hatte sicherlich eine Verpflichtung gleich der aus BGB. § 435 übernommen. [Dezidiert jetzt Eger 46. 85 f.]

dem deutschen Mittelalter. „Wo Gerichtsbücher geführt wurden, ließ man dieselben lesen, um festzustellen, ob das Grundstück, welches veräußert werden sollte, verpfändet sei; nicht um den Erwerber von den vorhandenen Pfandrechten in Kenntnis zu setzen, sondern um eine unstatthafte Veräußerung zu verhindern und um dem Pfandgläubiger Gelegenheit zur Einsprache zu geben.“[1] Danach enthielte das Pfandrecht von selber ein Veräußerungsverbot, die Klauseln der Verträge brächten nur Selbstverständliches; und natürlich würde ein bloßes Veräußerungsverbot ohne Pfandrecht die gleiche Wirkung einer Sperre des Grundbuchs erzeugen. Diese Erklärung scheint um so plausibler, als es gar nicht unmöglich ist, eine derartige Grundbuchwirkung sowohl in der dinglichen Kraft der Veräußerungsverbote (oben IV) als im Wesen des Pfandrechts (unten VIII) zu fundieren.

Einstweilen müssen wir uns freilich mit einiger Skepsis waffnen; weder das formelle noch das materielle Grundbuchrecht liegen uns noch klar.[2] Was man für jene radikale Grundbuchsperre in erster Linie geltend machen kann, ist die einmal, BGU 379, bezeugte Mitteilung der Bibliothek im *ἐπίσταλμα* an die sogen. Notariatsbehörde, das Gut sei unbelastet. Durfte die Urkundenvollziehung in jedem Fall erfolgen, ob ein Pfandrecht besteht oder nicht, so scheint es das *γραφεῖον* nichts anzugehen, ob eines vorhanden ist. Ganz undenkbar wäre es aber nicht, daß das *γραφεῖον* die Notiz für die Urkundenausfertigung im Interesse des Erwerbers verwenden sollte oder vielleicht sogar — worüber vorläufig nichts bekannt ist — an den Beamten des Katasters weiterzugeben hatte. Unser Material verträgt sich noch mit der Annahme, daß das Amt nur der Ordnung wegen, die ja gar nicht so leicht aufrecht zu erhalten war, und um dem neuen Erwerber zugunsten des Drittberechtigten den guten Glauben zu benehmen,

---

[1] Meibom, Pfandrecht 429.

[2] Dies erweisen die Arbeiten von Lewald und Eger.

auf die Konstatierung der Drittrechte Wert legte. Demselben Bestreben könnten die Vorbehalte der Drittrechte dienen, als eine unbeholfene Art, den Rang der Rechte buchmäßig festzuhalten, wobei es freilich im Gegenteil denkbar ist, daß sie zum Schutz der Vorrechte erforderlich waren, infolge irgend einer Wirkung des gutgläubigen Tabularbesitzes. Und sogar die verbuchten *δίκαια* aus Veräußerungsverbot Teb. 318 und behördlicher Anordnung Lond. 3, p. 111 lassen, so wahrscheinlich es ist, daß sie das Grundbuch sperrten, ja spätere Eintragungen relativ nichtig machten, die Möglichkeit offen, daß der Erwerber dadurch nur schlechtgläubig wurde (Mitteis, Z. d. S.-St. 28, 381).

Alles in allem genommen, bleibt es inmitten der Zweifel doch eine gute Vermutung, zwar nicht, daß eine gewöhnliche privatrechtliche *κατοχή* die *παράθεσις* eines späteren Rechts verhinderte, denn BGU 243 und die verwandten Urkunden sprechen m. E. dagegen,[1] — wohl aber, daß nach einem Pfandrecht oder einem Veräußerungsverbot die unbedingte Eintragung eines *ὑπεναντίον*, d. i. mindestens Veräußerung und Pfandrecht, nicht erlaubt war. Unverkennbar ist die bücherliche Kombinierung von Pfand- und Eigentumseinträgen schwierig gewesen; das kann auf der Schwerfälligkeit des *διάστρωμα*, es kann aber auch auf der alten Struktur der Pfand- und Anwartschaftsrechte beruhen.

Unter allen Umständen erlangte ein Gläubiger, der sein Pfandrecht oder das Recht aus dem Veräußerungsverbot zum Eintrag brachte, bei ordnungsmäßiger Handhabung der Bibliothek die Sicherheit, daß spätere Einträge ihm keinen Schaden brachten,

[1] Es wird dort auch für den Fall, daß *προκατεσχημένα* bestehen, unter Vorbehalt derselben *παράθεσις* verlangt. Leider nur beiläufig ist BGU 907 zu erwähnen. Die Gläubigerin sucht um Löschung ihrer *μεσιτεία* gegenüber der Käuferin der Liegenschaft an (*βούλομαι λῦσαι* — *Φιλουμένῃ ἀγοραστρίᾳ*), da sie anderweitig befriedigt werden soll. Danach muß die Käuferin der Bibliothek bereits bekannt sein. Ob sie aber eingetragen war, und wenn ja, ob ohne Zustimmung der Gläubigerin, wissen wir nicht.

dahingestellt was für ein Schaden möglich war, ob Beeinträchtigung durch gutgläubigen Rechtserwerb oder nur gutgläubigen Besitzerwerb des Dritten und Beweisverschlechterung. Die den Romanisten anläßlich D. 20, 5, 7 in so große Verlegenheit setzende Frage: was nützt ein Veräußerungsverbot dem Pfandgläubiger? existiert für Ägypten nicht im gleichen Sinn.

Nun müssen wir aber den gesamten Bereich der Erklärungsmöglichkeiten zu überschauen trachten.

VI. Erklärung der Verfügungsbeschränkungen. Einleitung.

A. Zunächst fühlt sich jeder gewiß versucht, trotz aller Anzeichen einer abweichenden Ordnung die Absicht der Dispositionsverbote im Rahmen des gewohnten romanistischen Pfandrechtssystems zu suchen. Mit welchem Erfolg?

1. Mit dem römischen und heutigen System, wonach das Pfandrecht als dingliches Recht von späteren Ereignissen unberührt bleibt, verträgt es sich zunächst vollkommen, daß ein Verpfänder zusichert, die Sache sei lastenfrei. So BGU 741, 36: *παρέχεσθαι δὲ αὐτὸν τὴν ὑποθήκην καθαρὰν καὶ ἀνέπαφον καὶ ἀνεπιδάνειστον ἄλλου δανείου καὶ πάσης ὀφειλῆς καὶ μηδένα αὐτῆς ἐποιούμενον τρόπῳ μηδενί.* Die Haftung aus dieser Verpflichtungserklärung könnte sich einfach auf die bis zur Verpfändung begründeten Lasten beziehen; das *παρέχεσθαι* steht diesmal sogar im Präsens, was bei dem feinen Stil der Papyri Beachtung verdient. In der Tat handelt es sich um einen Vertrag zwischen zwei Römern, L. Valerius Ammonianus, militärischem Proviantmeister als Geldgeber und einem Flottensoldaten Q. Gellius Valens. Es ist der Kontrakt, welchen wir vorlängst durch Gradenwitz[1] als „Darlehn mit römischen Anklängen" kennen lernten. Ebensowenig verwunderlich ist eine Gewähr wegen öffentlicher Lasten,

[1] Einführung 89 ff. [S. jetzt Schubart, Archiv 5, 55: die Urk. stamme aus Alexandria.]

die ein Privileg genießen, bis zum Verfallstermin. Diese Haftung hat mit den charakteristischen Verfügungsbeschränkungen nichts zu tun, wie sich am besten aus dem Basler Papyrus ergibt, wo l. 20 f. eine zu BGU 741 parallele *παρέχεσθαι*-Klausel: l. 21 *ἀνενε]χύραστον καὶ ἀνεπιδάνιστον καὶ καθαρὰν ἀπὸ ἐπιγραφῶν[* ganz getrennt von dem *μὴ ἐξεῖναι πωλεῖν* l. 15 auftritt.

2. Ferner hat überall der Pfandgläubiger ein Interesse daran, daß bewegliche Sachen nicht an unbekannte Orte verschleppt werden; vollends in alter Zeit. „Was hat der Pfandgläubiger von seinem Pfandrecht, wenn der Schuldner so zu handeln berechtigt ist, daß es nicht verwirklicht werden kann; wenn z. B. in einer Zeit ohne Eisenbahnen und Telegraphen ein Pfandschuldner in Süddeutschland einen verpfändeten Schmuck nach Bergen oder Nowgorod veräußern kann, ohne dem im gleichen Ort Süddeutschlands wohnhaften Pfandgläubiger auch nur Mitteilung davon zu machen?“ Was Puntschart[1] da vom deutschen Dispositionsverbot sagt, trifft gleicherweise die Furtum-Strafe, die den römischen Verpfänder[2] von Mobilien bedroht, wenn er das Pfand veräußert, wie das Verbot des *βαστάζειν* verpfändeten Heus in Oxy. 507 oder die Vorschrift bei Cato de agric. gegen den Verpfänder von Invekten: ne quid eorum de fundo deportato. Gerade das deutsche Recht belehrt uns freilich, daß damit noch nicht Erschöpfendes über den Sinn der Verbote gesagt ist, da die Fahrnishypothek, wo sie überhaupt entwickelt wurde, vielfach durch die Bewahrung des Standorts der Sache bedingt war und bei Nichtbewahrung erlosch.[3] Ist dies der Fall, so hat ein ausdrück-

---

[1] Krit. Vierteljschr. 47 II, 55.

[2] Nicht bloß bei Fiducia und Faustpfand, wie es nach Mommsen, Strafrecht 743 N. 2 scheinen könnte, sondern auch den hypothekarischen Verpfänder: D. 47, 2, 19, 6, vgl. auch die Zusammenstellung mit D. 13, 7, 1 bei Lenel, Paling. Ulp. 2857.

[3] Vgl. statt aller Gierke, DPrivR. 2, 962 mit Zit. und dazu noch Puntschart, Krit. Vierteljschr. 47 II, 58 f.

liches Verbot vor allem den Zweck, dieser größten Gefahr entgegen zu wirken. Wir müssen daher auch im Mobilienrecht mit Gedanken rechnen, die dem klassischen römischen Recht fremd sind.

3. Ein Interesse hat jeder Gläubiger auch daran, daß er durch Veräußerungen oder neue Belastungen nicht in Prozesse verwickelt werde. Er befindet sich ferner z. B. nach Pandektenrecht dem Verpfänder gegenüber in günstigerer Lage als gegenüber einem Dritten. Die Verpfändung läßt sich durch Eideszuschiebung beweisen, das Eigentum des Verpfänders braucht gar keinen Beweis, Aufwendungen sind nicht zu ersetzen, die Verjährung der Pfandklage ist erschwert (Dernburg, Pfandrecht 2, 21). Derlei Rücksichten würden sich in anderen Rechten auch ausfindig machen oder unterstellen lassen. Aber unmöglich war in allen jenen Rechten die Veranlassung zu einer so verbreiteten Abrede so winzig: Vermeidung von Unannehmlichkeiten, mehr oder weniger geringfügige Besserstellung im Prozeß. Und vollends ist nicht glaublich, daß einem solchen Interesse mit einer solchen Klausel abgeholfen werden wollte. Den Prozeß mit dem Dritten kann der Gläubiger trotz aller Verbote doch nicht ersparen. Sucht die germanistische Forschung neuerdings den Grund der Beschränkungen des Verpfänders ganz anderswo, in der dinglichen Stellung des Gläubigers, so sind auch wir in die gleiche Richtung hingewiesen.

B. Es ist allgemeine, wohlbegründete Ansicht, daß nach griechischer wie ägyptischer und germanischer Idee der Erwerber abgeleiteten dinglichen Rechts zum Schutz gegen Dritte auf die Gewährleistung (βεβαίωσις, auctoritas) des Veräußerers angewiesen war. Eben diese βεβαίωσις läßt sich auch der Pfandgläubiger versprechen. Wenn sich daran unmittelbar noch die Zusage schließt, der Verpfänder werde von jetzt ab nicht veräußern usw., so soll gewiß von vornherein die Situation verhütet werden, daß der Auktor bei einer Drittansprache treulos dem

Dritten seine *βεβαίωσις* leistet, eine durch Demosth. 37, 12 und Isae. 5, 24 veranschaulichte Lage. Aber von diesem Gesichtspunkt allein ergäbe sich gar kein Unterschied zwischen Verkauf und Verpfändung. Und das sonst so ausführliche Kaufformular entbehrt regelmäßig einer völlig gleichgefaßten Verwahrung gegen Veräußerungen, obgleich noch zu untersuchen sein wird, ob es nicht einen in gewisser Beziehung analogen Bestandteil aufweist, und obwohl eine *παραχώρησις* (Grenf. 1, 27, III, 4) ein Verfügungsverbot aufweist (unten VIII.).

Denn nicht hierher gehört das Versprechen des Verkäufers, der Kaufgegenstand sei (und bleibe) frei von sonstigen Verfügungen, von bücherlichen und sonstigen Hindernissen eines freien Erwerbs und der glatten Eintragung in die Bibliothek. Einmal finden wir aber in der Tat eine sehr ähnliche Klausel beim Kauf! In BGU 446, 15 verspricht die Verkäuferin, nach Zahlung des Restkaufpreises die Eintragung der Liegenschaft für den Käufer herbeizuführen und diese bis dahin nicht zu verkaufen noch zu verpfänden. Warum, ist wohl klar: dem Käufer fehlt das dingliche Recht.

VII. Das Pfandrecht als anwartschaftliches Recht.

A. Ein dingliches Recht an der Sache mangelt dem Gläubiger bei der Antichrese in Pachtform Lond. 3, p. 136 (oben S. 39) und der vorsorglichen Maßregel des P. Lond. 3, p. 111 (oben S. 41). Ferner beschränkt sich mindestens zweimal die Beschreibung des vertragsmäßigen *δικαίωμα* auf die Beschreibung des Veräußerungsverbots Lond. 2, p. 216, Teb. 318 (oben S. 35). Dazu kommt eine Urk. Lond. 2, p. 219, die sich ausdrücklich *ὑπάλλαγμα* nennt, ein gegebenes Pfand enthält und dieses doch nur mit dem *οὐκ ἕξει ἐξουσίαν* kennzeichnet. Zweifelhaft ist schließlich der Charakter des *ὑπέγγυον* Oxy. 507 (oben S. 36) und des *ἐνυπάλλαγμα* Lond. 3, p. 105 (oben S. 37) mit Veräußerungsverboten.

Treffen wir nun dasselbe Verbot in unzweifelhaften Hypothekarurkunden, so kann man nicht anders als eine weitreichende Verwandtschaft aller dieser Rechte miteinander anzunehmen. Es fragt sich nur, wie weit dieselbe reicht, und da muß ich eine Bemerkung über das Wesen der griechischen Hypothek einflechten.

B. Die deutschrechtlichen Arbeiten haben uns gelehrt, zwischen Pfandrecht und vertragsmäßiger Anweisung von Gegenständen zur Exekution, ferner zwischen der beiden eventuell gemeinsamen Sachhaftung ohne, vor oder neben persönlicher Einständerschaft und der akzessorischen Sicherung einer persönlichen Haftung strenge zu unterscheiden. Wir haben nun, so viel muß von vornherein zugegeben werden, keineswegs festen Boden unter uns, wenn wir mit diesen Kategorien an die Geschichte der griechischen und ägyptischen Hypotheken herantreten. Immerhin sind die meisten neueren Untersuchungen zu dem Schluß gekommen, der altgriechischen und der ägyptischen *ὑποθήκη* den ursprünglichen Gedanken der Sachhaftung zuzuschreiben.[1] Ferner zweifelt man

[1] Belege für die Papyri Z. d. S.-St. 28, 365. (Das griechische Recht ließ ich dabei ausdrücklich dahingestellt.) Vgl. überhaupt Partsch, Bürgschaftsr. 1, 43. [Über den Sinn der Abmachung: wenn eine Gefahr betreffs des Pfandes oder eines Teils entsteht, soll den Gläubiger kein Schaden treffen (Oxy. 507), oder: soll Darlehnsnehmer die Schuld bezahlen (Straßb. 52), kann m. E. kein Zweifel sein. Sie betrifft nicht die Unzulänglichkeit der Pfandsache, was Wenger, Gött. Gel. Anz. 1909, 304, neuerlich zur Erwägung stellt, sondern den Untergang oder die Verschlechterung (allenfalls bei Sachen wie Heu, Oxy 507, den Kurssturz) der Sache „oder eines Teils". Das Letztere scheint mir besonders deutlich. Für die Unzulänglichkeit dient die allgemeine *πρᾶξις*-Klausel. Nun ist diese allerdings in Straßb. 52, 11 und Flor. 1,9 an die *κίνδυνος*-Klausel angehängt. Aber unsere Unsicherheit wird behoben durch BGU 741, wo zuerst l. 29 für den „Ausfall" *πρᾶξις* gewährt wird und sodann l. 32 für den Fall des *κίνδυνος πρᾶξις καθὼς καὶ ἐπὶ τοῦ ἐνλίμματος διδήλωται.* Wäre aber auch das Gegenteil richtig, so kann eine solche Klausel nur die zugrunde liegende Sachhaftung ergänzen, und man darf nicht umgekehrt aus ihr gegen die Sachhaftung argumentieren. Daß freilich der Rechtszustand im römischen Ägypten noch als derjenige reiner Sachhaftung richtig bezeichnet wäre, glaube ich durchaus nicht, vgl. Z. d. S.-St. 28, 366 N. 2; wir werden im Gegenteil erst noch erfahren müssen, ob nicht auch zugunsten des Verpfänders die Pfandforderung berücksichtigt wurde und daher die Hyperochaherausgabe (nach Schätzung oder Verkauf) rechtens war. Einstweilen ist noch nicht einmal zu ersehen, unter welchen Voraussetzungen die *ἐμβαδεία* (Besitznahme) endgültig die Pfandvollstreckung abschloß. Vgl. Lond. 3, p. 158 (d); dazu Mitteis, Z. d. S.-St. 28, 159, und besonders Oxy. III 653. Über die Stellung der römischen Juristen s. neuestens Costa, Memorie della R. Accad., Bologna, Sc. morali, sez. giur. Ser. I Tom. II, 1907/8, p. 220 (Sep.-A. 1909, p. 6) auch mit Polemik gegen die Angriffe von Dareste, Nouv. rev. hist. 1908, 639 ff. auf die von Hitzig begründeten Anschauungen. Dareste verwendet wahllos und ohne das Datum auch nur anzugeben, Dokumente der verschiedensten Epochen. Da-

wohl allgemein nicht daran, daß dem Gläubigerrechte dinglicher Schutz zukomme. Eine sehr wertvolle Unterstützung erfährt diese gemeinhin mit allzu großer Leichtigkeit angenommene Ansicht durch den von Partsch erbrachten Nachweis, daß *ὑποτιθέναι* und *κατατιθέναι* dem deutschen „Versatz“ genau entsprechende Ausdrücke sind.[1] Damit gewinnen wir eine Anzahl der Argumente für uns, welche die Germanisten für die Qualität der Satzung als bedingter Übereignung, eventueller Hingabe an Erfüllungsstatt, aufstellen.

Außerordentlich zweifelhaft ist dagegen, selbst mit dem Maßstab der meistens mehr ahnenden als wissenden heutigen Papyruswissenschaft gemessen, die Natur des oben S. 29 ff. besprochenen *ὑπάλλαγμα*.[2] Zwar sucht der Gläubiger in Flor. 56 um Besitzeinweisung an, aber er stützt sich dabei auf eine *συγχώρησις καταγραφῆς* (l. 11), welche recht wohl eine rechtsgeschäftliche Abtretung des Eigentums oder Eintragungsbewilligung an den Gläubiger im Zuge des Exekutionsverfahrens sein könnte.[3] In Flor. 28 verspricht der Verpfänder, die Grundstücke in ordent-

gegen ist Pappulias 144 f. beizustimmen, wenn er *τὰ περιόντα* in Dem. 28, 18 gleich Hyperocha setzt. Dies ist wichtig und bestätigt vieles von den Ausführungen Nabers, Mnemosyne 32, 86 f., führt aber keineswegs zu einem völligen Umsturz der herrschenden Ansichten über den Urcharakter des griechischen Pfandes.]

[1] Partsch, Bürgschaftsrecht 1, 35.

[2] Nicht in unseren Textbereich (oben Abschnitt II) fallen das *Διεγγύημα* (welches keine selbständige Sicherungsform sein dürfte, vgl. oben S. 31 N. 1) und die *Μεσιτεία* (vgl. darüber Eger, Grundbuchr. 44).

[3] Vgl. bereits die Erwägung von Mitteis, Z. d. S.-St. 27, 346 und dazu BGU 832, l. 29 *ἀφεστη]κότ(ος) καὶ ἐξεσταμένου μοι* (Gläubiger) *τοῦ Μάρκου Δομιτίου Λόγγου ὡς δεδ[ήλωται* . . . Also hat M. Domitius Longus, auf dessen Namen wenigstens ein Teil der Hypothekargrundstücke eingetragen war (l. 8), dem Gläubiger Abtretung erklärt. [Soeben zeigt Schubart, Arch. 5, 49 ff., daß *συγχώρησις* ursprünglich gerichtlicher Vergleich und immer Privatvertrag vor Gericht ist. Damit scheint das im Text Vermutete fast

lichem Zustand zu übergeben (παραδώσω κτλ.), aber die Übergabe könnte ja auch zum Verkauf oder zum Behalten gegen Abschätzung und Herauszahlung des Wertüberschusses erfolgen. Dagegen, daß einfach Verfall eintrete, macht das Fehlen der lex commissoria sehr bedenklich. Allerdings könnte sie sich etwa hier erst recht von selbst verstehen; vielleicht jedoch war Pfändung nötig, die ἐνεχυρασία,[1] die ja gerade hier bei der Vollstreckung vorkommt. Andererseits beweist der Zwang, die Behörde um Vollstreckung anzugehen, selber oder gar die vielfache Verwendung des Wortes πρᾶξις bei jeder Befriedigung, auch aus dem Pfand (BGU 888, l. 23 cf. 13, Flor. 28, 17, Lips. 10, 38f. cf. 41) nichts. Hitzig[2] hat ja bereits wahrscheinlich gemacht, daß die griechische Entwicklung sich in der Richtung bewegt, den Gläubiger mehr und mehr an die Mitwirkung der Behörde zu binden, also in einer dem deutschen Recht analogen Tendenz. Da mochte sich denn in den uns durch den Papyri nahegebrachten Zeiten Terminologie und bis zu einem gewissen Grad auch das Verfahren[3] bei Vollstreckung chirographischer und durch echtes Pfandrecht gesicherter Forderungen vereinheitlichen.

---

gesichert. Denn mit der im Jahre 220 geschehenen Verpfändung hat die συγχώρησις vom Jahre 233 nichts zu tun. Volle Sicherheit ist aber nicht gegeben, weil man nicht weiß, inwiefern eine solche Abtretung etwa erzwungen werden konnte.]

[1] Daß ἐνεχυρασία ganz treffend als Pfändung übersetzbar ist (richtig Koschaker, Z. d. S.-St. 29, 26), ergibt sich für Griechenland aus zahlreichen Quellen, vgl. Hitzig, Bedeutung des altgriech. Rechts, Vortrag, 27; Lécrivain b. Daremberg-Saglio v°. enechyra; Partsch, Bürgschaftsrecht 1, 221 N. 2. Für Ägypten s. bes. P. Hibeh 32 a. 246 v. Chr.; Teb. I, 61b l. 377; 72 l. 379; Petrie III 26, 10; 32(f) Verso col. 2 (p. 69) l. 12. Aus römischer Zeit: Lond. 3, 908 p. 132 a. 139; Oxy. 4, 712; BGU 578, 21; Flor. 48 [= P. Giss. Inv. Nr. 124, Eger, Archiv 5, 133] l. 8. Vgl. ἐνεχύρων λῆμψις (= λῆψις) Oxy. 71 I (dazu Wenger, Pap. Stud. 125).

[2] Hitzig, Z. d. S.-St. 26, 439 f.

[3] Auf einen Unterschied bei der Einleitung der Exekution macht Lewald 68 ff. aufmerksam; der ξενικῶν πράκτωρ scheine bei rein pfand-

Fest steht einzig, daß die Befriedigung aus dem ὑπάλλαγμα neben jener aus dem Schuldner und seinem sonstigen Vermögen genannt wird,[1] ferner daß das ὑπάλλαγμα ins Grundbuch kommt, und zwar auch als Generalhypothek (BGU 1072), dann daß es mindestens möglich war, eine Auslieferungspflicht daraus zu entwickeln (Flor. 28), nicht bloß ein passives Dulden der Exekution, und endlich ein sprachliches Merkmal, das eine Verwandtschaft mit dem Pfandgedanken erweisen dürfte. Ὑπάλλαγμα heißt nämlich „Ersatzsache“, ὑπαλλαγή ist der Tausch, submutatio (Corp. Gloss. Goetz 2, 463, 15). Als ὑπάλλαγμα für ihre eigenen Leiber geben die Menschen die Körper anderer Lebewesen zum Opfer hin, Porphyr. de abstinentia 2, 27. Das ὑπαλλάττειν muß also wohl die Hingabe der Sache als Ersatz des Geldes sein, wie z. B. umgekehrt Aristot. Ethic. 5, 8 das Geld ὑπάλλαγμα τῆς χρείας, d. h. der Sachen, deren die Menschen bedürfen, nennt. Diese Grundbedeutung[2] nähert aber das ὑπάλλαγμα-Pfand dem allein haftenden Bürgen, der ebenfalls „Äquivalent“ ist.[3] Damit kommen wir ent-

---

rechtlicher Exekution nicht nötig. Eger 62 hat darüber nur Zweifel. Es handelt sich natürlich nur um eine Vermutung.

[1] Vgl. Z. d. S.-St. 28, 366 N. 2. Leipz. 10 (I, 39), Flor. 28 (l. 18) sind ὑπαλλάγματα, Flor. 1 (l. 11) ὑποθήκη, Oxy. 506 suspensiv bedingte Übereignung, BGU 445 (l. 19) eine μεσιτεία.

[2] Ich dachte daran, auch die ὑπαλλαγέντα τῆς ὠνῆς in P. Teb. 329 einfach als Pachtschilling zu erklären. Doch wäre dies nicht bloß eine ungewöhnliche Bezeichnung, sondern ist auch sachlich unwahrscheinlich, da es voraussetzen würde, daß der Pächter des Fischereigefälles das Pachtgeld vorauserlegt. Dies stimmt aber weder mit dem allgemeinen Gebrauch noch mit dem über die Fischereiabgaben Bekannten, vgl. Wilcken, Ostr. 140, Grenfell-Hunt, Teb 308, 4. Daher verdient die Auffassung von Partsch 71 N. 1 und 394, den Vorzug, welcher Pachtkaution annimmt. Dies wäre ja sprachlich ebenso möglich wie z. B. δανείου ὑποθήκη.

[3] Partsch 38. Vgl. auch die etwas mysteriösen Berichte Revillouts, Précis 1215. 1223. 1253 über das „Geben als Äquivalent“ beim Pfandvertrag.

weder auf ein dem Sicherungskauf entstammendes Pfand: die Pfandsache als Äquivalent der Darlehnsvaluta, oder auf den eigentlichen Versatz: die Sache ist eventueller Ersatz der Erfüllung, der Darlehnsrückzahlung. In altgriechischen Rechtsquellen und ptolemäischen Papyri begegnet das Wort bisher gar nicht. Die Grammatiker aber erklären das alte *ἀποτίμημα* der Ehefrau als das, „was jetzt *ὑπάλλαγμα* genannt wird“ — so das Lexikon *χρησίμων*, Bekker, Anecd. 423, 12 — und die Glossare setzen es gleich pignus.[1] Also war dieser Sprachgebrauch offenbar bei den Späteren stark verbreitet, obwohl ihn der puritanische Sprachreiniger Phrynichos zur Zeit des Commodus als „unwissenschaftlichen“ Gebrauch „einiger“ für Pfand rügt.[2] — Ob übrigens jene Lexikonnotiz von einer besonderen Beziehung gerade des Pfandrechts, das sich eine Ehefrau vertragsmäßig zugunsten ihrer Mitgiftforderung bestellen läßt, zum Hypallagmabegriff ausgeht? In P. Oxy. 907 a. 276, einem in griechischer Sprache diktierten (l. 1/2), aber römisch gefaßten Testament legiert der Erblasser seiner Frau das Miteigentumsrecht an einer Anzahl Aruren, das er ihr für die von ihr eingebrachte Mitgift verpfändet hatte: l. 18 *ἀρούρας προυπαλλαγείσας αὐτῇ ὑπ' ἐμοῦ πρὸς τὴν προσενεχθεῖσάν μοι ἐπ' αὐτῇ τ[. . .]φερνήν.* Ließe sich hierzu noch BGU 970 ziehen, so wäre zugleich das Wesen des *ὑπάλλαγμα* klarer. Nach der Schilderung der in BGU 970 klagenden Ehefrau hat sie im Jahre 151/2 ihrem Mann 900 Drachmen Mitgift eingebracht, wogegen er ihr ein Chirographum ausstellte, des Inhalts: l. 15 *ἐὰν γένηται μὴ εὐτονῆσαι αὐτὸν [ἀ]ποδοῦναί μοι τὴν προοῖκα, λαβεῖν με τὸ ὑπάρχον αὐτῷ — δίμοιρον μέρος κτλ.*; „wenn er nicht imstande sein sollte, mir die Mitgift zurückzugeben, solle ich die ihm gehörigen $^2/_3$ (näher beschriebenen) Grundstücks

[1] Gloss. lat. gr. C. Gloss. Goetz 2, 150: pignus *ἐνέχυρον ὑπάλλαγμα.*

[2] Phrynichos ed. Lobeck p. 306: „*ὑπάλλαγμα ἀμαθῶς τινες ἀντὶ τοῦ ἐνεχύρου.*“

empfangen." Aber Motivierung und Petit der Klage machen es sehr zweifelhaft, ob dies eine aufschiebend bedingte Übereignung oder vielmehr ein Vorvertrag einer datio in solutum ist,[1] und im ersten Fall wäre noch unbekannt, ob diese Verfallshypothek ὑπάλλαγμα heißen konnte.

Danach ist das Hypallagma wohl Pfand, aber wir wissen weder, woher es stammt, da das griechische Wort durchaus nicht ein griechisches Institut zu decken braucht, noch ob es eine inferiore Bildung, Konventionalarrest o. dgl., oder vielmehr ein gegenüber der ὑποθήκη vorgeschrittenes, dem römischen Gedanken der akzessorischen Sicherung entgegenkommendes Institut darstellt. In seiner praktischen Verwendung in Ägypten in der Römerzeit scheint das Hypallagma von der ὑποθήκη sich nicht allzu weit entfernt zu haben.

C. Alle Schwierigkeiten in der Erklärung der Pfandformen Ägyptens gehen auf die Ähnlichkeit des Pfandrechts mit den sonstigen Haftungen zurück. Trotzdem mußte eine tiefere innere Verschiedenheit das mindestens in der ὑποθήκη, wahrscheinlich auch im ὑπάλλαγμα der Kaiserzeit repräsentierte dingliche Pfandrecht von den nicht dinglichen Sicherungsabreden trennen. Worin hat also die V e r w a n d t s c h a f t ihren Grund? Da ist zunächst die Beobachtung wertvoll, daß die Struktur des Verpfändungsformulars in Ägypten wie in den germanischen Rechtsgebieten ständig und genau die beiden Stadien vor und nach Eintritt des Lösungstermins unterscheidet. Das Verhältnis bis zur Zahlung und nach der Zahlung, sowie bei im Termin ausbleibender Zahlung wird in zahlreichen Konditionalsätzen geregelt. Dabei tritt das Recht des Gläubigers auf Verfall während der Zeit vor dem

---

[1] Vgl. Weiss, Archiv f. Pap. F. 4, 351 f. und Lewald, Beiträge 68 (auch über die ἐνεχυρασία l. 26/7).

Lösungstermin klar als bedingtes zutage. Bleibt der Verpfänder im alleinigen Besitz der Sache, so können wir dieses Recht mit Gierke technisch als „rein anwartschaftliches" kennzeichnen. Die fernere Untersuchung kann daher die Frage so stellen: bedarf das Pfandrecht der Dispositionsbeschränkungen, weil es anwartschaftliches Recht ist und daher aus wesentlich denselben Gründen wie nichtdingliche *κατοχαί*?

VIII. Erklärung aus dem Wesen des derivativ erworbenen Rechts?

A. Nicht zu umgehen ist ein Vergleich des Verpfändungsformulars mit dem Kauf. Von besonderem Interesse ist es dabei, die neu von Spiegelberg veröffentlichten demotischen „Kaufpfandverträge",[1] d. h. Sicherungskäufe von 162, 160 und 95 v. Chr. einzubeziehen. Sie enthalten einen Darlehnsschuldschein: „Du hast von mir 690 Silberdeben — zu fordern im Namen des Silbers, welches du mir gegeben hast. Ich gebe dir deine obigen 690 Silberdeben (zurück) bis zum letzten Pachon des Jahres 20." Daran schließt sich mit der Wendung: „Wenn ich dir deine obigen 690 Silberdeben nicht bis zum letzten Pachon des Jahres 20, dem oben angegebenen Termin (zurück) gebe, so hast du damit mein Herz zufriedengestellt mit dem Kaufpreis meines Hochackers . . ." usw. ein vollständiger Kaufvertrag zwischen Schuldner und Gläubiger. Endlich quittiert die Bank in griechischer Sprache über die 5 prozentige Vertragssteuer ὑποθήκης γῆς, — ἣν ὑποτέθειται Schuldner dem Gläubiger πρὸς Darlehnsbetrag.

---

[1] Rec. de Travaux rel. à la Phil. et à l'Archéol. ég. et ass., XXXI, 1909.

I. In den demotischen Kaufverträgen und den von ihnen stark beeinflußten späteren griechisch geschriebenen Käufen erklärt der Verkäufer im wesentlichen folgendes:[1]

1. Ich verkaufe dir.

2. a) Du sollst die Sache zu vollem Recht haben.

b) Demotisch: ich und meine Familie und sonst ein Mensch haben keine Macht mehr darüber von dem obengenannten Tage (heute) ab.

Griechisch: ich und meine Rechtsnachfolger werden dich nicht angreifen.

3. Wenn ich usw. oder ein Dritter dich angreift, werde ich Gewähr leisten.

II. Die kürzlich von Spiegelberg herausgegebenen demotischen Sicherungskäufe haben das Schema:

1. Wenn ich nicht rechtzeitig zahle, so hast du für das Geld meinen Acker gekauft.

2. a) Du sollst ihn (zu vollem Recht) haben.

b) Ich und irgend ein Mensch sollen darüber keine Macht haben von dem obigen Tage, d. h. dem Verfallstag.

3. Ausführliche Gewährleistung wie in Kaufverträgen.

III. In der Hypotheke erklärt der Verpfänder:

1. Ich schulde unter Hypothek.

2. (Bisweilen): Wenn ich nicht rechtzeitig zahle, werde ich übergeben.

---

[1] Vgl. Spiegelberg, Demot. Urk. der Straßburger Bibliothek S. 9. Die Klausel zu 2b ist von Spiegelberg in dem von Wilcken, Archiv 2, 144 und von mir, Haftung des Verkäufers 1, 38 vgl. 356 vermuteten Sinn hergestellt worden: Recueil de Travaux cit. (vorige Anm.), Vol. XXV, 8. Übersetzungen demotischer Kaufverträge finden sich bei Wessely, Pap. script. graec. specim. isagog. Im Übrigen vgl. mein angeführtes Buch, S. 36 ff.

(Allgemein): a) Wenn ich nicht rechtzeitig zahle, so wirst du das volle Recht haben und

b) werde ich usw. kein Recht mehr haben (vgl. Flor. 1, l. 7/8).

3. Ich werde Gewähr leisten und ich darf nicht veräußern usw.

IV. Hypallagma des P. Flor. 28:

1. Ich verpfände dir.

2. a) Wenn ich nicht zur Zeit zahle, so werde ich dir das Grundstück in vereinbarter Qualität übergeben.

b) Von jetzt ab werde ich es nicht wegveräußern (ἐντεῦθεν φυλάξω ἀνεξαλλοτριώτους κτλ.)

3. Ich werde Gewähr leisten.

Aus dem Kauf (I) entsteht, wie man sieht, auf die einfachste Weise der Sicherungskauf (II). Die ganze sehr umfangreiche Formel des letzteren ist derart dem Kauf nachgebildet, daß Spiegelberg bei der ersten Veröffentlichung von P. Straßb. Dem. 44 einen echten Kauf vorhanden glaubte. Einzig die Worte „von dem obigen Tage an" statt „von dem heutigen Tage an", wie es in griechischen Übersetzungen heißt; oder statt der Beziehung auf das „obengenannte" Heute erinnern allenfalls an den neuen Zweck. Wir werden uns dies alles am besten so zurechtlegen, daß die beabsichtigte suspensiv bedingte Übereignung sich dem Urkundenverfasser als eine bloß aufschiebend befristete unbedingte darstellt, von der aber der Gläubiger nur unter Bedingung Gebrauch machen darf. Man erinnere sich einerseits der unbedingten carta venditionis mit der den Gebrauch bedingenden contracarta in langobardischen Gebieten[1], andererseits der Umbildung der Schenkung durch bloße Anfügung einer Befristung in eine Schenkung von Todes wegen.[2] Das Geschäft ist als Kauf konstruiert,

[1] Über die Lit. s. Rabel, Z. d. S.-St. 28, 368 Ziff. 2.

[2] Rabel, Elterliche Teilung 534; vgl. Bruck, Schenkung auf den Todesfall (1909) 9.

die griechischen Bankquittungen aber nennen jenen demotischen „Kauf“ ὑποθήκη, ganz ebenso wie *Πανοβχοῦνις* in Philol. 63, 498 *ἐπελύσατο ὠνὴν ψιλοῦ τόπου, ὃν ὑπέθετο Πατοῦτι κατὰ συγγραφὴν ὠνῆς ἐν πίστει.* Wie beide zueinander stehen, ist kaum zu sagen. Dagegen ist jetzt das *χειρόγραφον πράσεως [καὶ ὑ]ποθήκης κ(αὶ) δ[αν]είου* in P. Lond. 2, p. 172, 9 a. 150 n. Chr. mindestens als ein Sicherungskauf irgend welcher Art feststellbar. Wir sehen hier neuerlich einen Weg vom Kauf zur Hypothek; natürlich nicht den Weg, den die viel ältere griechische Hypothek genommen hat und nicht einmal denjenigen, den die ägyptische notwendig nehmen mußte oder genommen haben mag.

Ein Verfügungsverbot fehlt dabei. Offenbar brauchte man es bei befristeter Übereignung nicht. Warum? Da setzt der erste Erklärungsversuch ein, den ich für möglich halte.

An der Stelle, wo Flor. 28, Lpz. 10 usw. das *ἐντεῦθεν φυλάξω* haben, versprechen die Verkäufer, daß niemand anderer über die Sache Macht haben solle. Dies letztere könnte nun recht wohl das größere Versprechen sein, der Veräußerungsverzicht nur das darin eingeschlossene geringere, wie es sich aus der einstweilen beschränkteren Translation ergibt. M. a. W., von diesem Gesichtspunkt aus will das Verbot lediglich das Recht vor Verfall ausdrücken und umschreiben.

Für diese Anschauung darf ich mich zur Verdeutlichung und zum Beweise dessen, daß sie nicht Undenkbares heranholt, auf die neubabylonischen Keilschriftdokumente aus der Zeit der Perserherrschaft berufen, wo regelmäßig bei jedem Pfand, ob Spezial- oder General-, Sklaven- oder Grundpfand, ob Antichrese oder nicht, folgende Erklärung des Verpfänders auftritt[1]:

[1] Koschaker hatte die Freundlichkeit, mich auf diese Erscheinung aufmerksam zu machen und das Material — ohne Anspruch auf Vollständigkeit — zusammenzustellen. — Peiser, Texte in Keilinschriftliche Bibliothek Bd. 4 S. 218, XI; 292, XIV; 395, III. — Demuth, 50 Rechts- und

1. Sein Feld . . . ist Pfand für X (Gläubiger).

2. Ein anderer Gläubiger hat keine Macht darüber. Auch mit Zusätzen:

a) bis X bezüglich seines Geldes gedeckt ist, oder

b) bis X bezüglich seiner Forderung befriedigt ist.

Ganz ebenso versteht Revillout (Précis 1215) die Klausel eines demotischen Vertrags, den er der babylonischen Antichrese gleichsetzt: „sans que j'aie à donner part quelconque en dehors de toi, c'est-à-dire sans qu'aucun autre créancier hypothécaire puisse rien réclamer“, was ich freilich aus bekannten Gründen nur mit Vorbehalt erwähne.

Die innere Rechtfertigung wird durch den in den Papyri besonders deutlichen Charakter der dinglichen Rechtsbestellung gegeben. Deren wesentlichstes Stück ist das Abstehen des Übertragenden von der Sache. Das Verfallpfand aber ist bedingte Übereignung, die Verzichtserklärung des Verpfänders kann daher nicht eine glatte Abstandserklärung, eine resignatio im germanistischen Sinn sein, sondern nur für die beiden Stadien vor und nach dem Lösungstermin differenziert lauten:

vom Zahlungstag habe ich keinerlei Macht mehr

bis ich zahle oder du sonst befriedigt bist (ἕως ἀποδῶ ἢ παραχωρῶ) habe ich kein Verfügungsrecht.

So begreift sich wohl auch die παραχώρησις in Grenf. 1, 27, a. 109 v. Chr. Sebtitis tritt an ihre Tochter Naamsesis mit

---

Verwaltungsurkunden aus der Zeit des Königs Kyros (Beiträge zur Assyriologie III, 393 ff.) Nr. 5. 6. — Ziemer, 50 Rechts- und Verwaltungsurkunden aus der Zeit des Königs Kambyses (Beiträge zur Ass. III, 445 ff.) Nr. 4. 6. 8. — Kotalla, 50 babyl. Rechts- u. Verwaltungsurkunden aus der Zeit des Königs Artaxerxes I. (ebd. IV, 550 ff.) Nr. 2—17. — Oppert, Ztschr. f. Assyr. 1, 430. 431. — Vgl. noch Kohler und Peiser, Aus dem babyl. Rechtsleben 1, 17. — „Die Klausel kann gelegentlich fehlen, wie in Keilinschr. Bibl. 4, 176 III und I; 182, VI.“

Parachoresiserklärung von ihren $5\,^1/_2$ Aruren eine halbe Arure ab. Sie verspricht Unterbleiben von Angriffen, widrigens der Angriff kraftlos ist und der Angreifer eine Konventionalstrafe zu zahlen hat, *ἐφ' ᾧ [οὐ]κ ἐξέσται αὐτῆι οἰκονομίαν ποιεῖσθαι κατὰ τοῦ (ἡμίσους ἀρούρας), ἣν δ' ἂν ποιήσηται ἄκυρον εἶναι, καὶ μ[η]θὲν ἧσσον α[ὐ]τῆι ἔστωι ποι[εῖν] κατὰ τὰ προγεγραμμένα.* Dieses Verbot zu „verfügen" wendet sich offenbar gegen die Veräußerin, nicht gegen die Erwerberin. Es scheint, daß die Abtretung nur eine Communio pro indiviso erzeugen will; um so weniger verständlich wäre ein Verbot über das ohnedies dinglich abgetretene Recht noch zu verfügen. Als nähere Beschreibung des Auflassungsverzichts hat es dagegen nichts Auffallendes an sich.

Charakteristisch für die ausdrückliche negative Umschreibung der ganz normalen Vertragsfolgen, denen sich der Erklärende unterwirft, sind auch die Miet- und Pachtverträge. Während der Schuldner-Verpächter in Lond. 3, p. 136 auf Veräußerung verzichtet, erklären die gewöhnlichen Lokatoren in der Ptolemäerzeit, wie der ausführliche Vertrag Teb. 105, 31, a. 103 v. Chr., zeigt: *καὶ μὴ ἐξέστω αὐτῷ ἑτέροις μεταμισθοῦν μηδ' ἐγβάλλειν τὸν* (Pächter) *πρὸ τοῦ χρόνου μηδὲ κωλύειν μηδὲ τοὺς παρ' αὐτοῦ κατεργαζομένους τὴν γῆν μηδὲ ποτίζοντας κτλ.*, alles eigentlich selbstverständliche Dinge. In der Römerzeit ist nur noch gelegentlich eine Erinnerung an diese Erklärung vorhanden: BGU 916, 25 (Vespas.); Amh. 87, 26 a. 125; Teb. 372, 13 a. 141; Oxy. 101, 47 a. 142; Teb. 378, 29 a. 265.

Schließlich läuft diese Ansicht auf ein Resultat hinaus, das schon bisher vielen vorgeschwebt zu haben scheint.[1] Das Verfallpfand als Übereignung verträgt sich für eine noch nicht ganz raffinierte Betrachtung nicht mit einer nachfolgenden zweiten Veräußerung. Was Plutarch, de vitando aere alieno 8 beim späteren Rechtszustande sagt: der verkaufende Schuldner verliere nicht das eigene, sondern nur das Haus des Gläubigers, den er

---

[1] Beauchet 3, 255. 300. Costa, Storia di dir. romano 2, p. 164 N. 34.

zum *κύριος* gemacht hat, läßt jenen einstigen Gedanken ahnen. Das zweite Pfandrecht ist aber ohnedies keinem archaischen Recht bekannt.[1] Für die Papyri ist von letzterem noch kein Beispiel bekannt. Die beiden binnen 18 Monaten am selben Grundstück aufgenommenen Hypotheken, P. Lond. 3, p. 4, 5 sind Sicherungskäufe und setzen daher gewiß die Rückzahlung in der Zwischenzeit voraus. Nach Oxy. 270, l. 19 sind von 12 Aruren nur 5, „nach 7“ (*μεθ' ἃς ὑπέτειθο*) einem Dritten hypothezierten Aruren verpfändet, was bedeutet, daß die sieben vorverpfändeten nicht verpfändet werden (vgl. Flor. 1, l. 4 *μετὰ τοὺς πεπραμμένους*).[2]

Nach alledem würde unsere Klausel nur Selbstverständliches besagen. Der gortynische Rechtssatz wäre aufs einfachste erklärt; die Sperre des Grundbuchs, falls sie sich für die römische Zeit bestätigt, entspräche nur immanenten Grundsätzen des Pfandrechts. Das attische *κωλύειν* könnte von hier aus als Abschwächung und Verfeinerung einer früheren gesetzlichen Veräußerungsunmöglichkeit verstanden werden: die starre Nichtigkeit wie in Gortyn weicht der Willenshandlung des Erstberechtigten.

Es fragt sich nun aber überhaupt, ob mit diesem, m. E. an sich ganz zutreffenden Gedanken die besonders formulierten Veräußerungsverbote erschöpfend ausgedeutet sind, und dies insbesondere für die Zeit ihrer Entstehung. Er paßt natürlich nur auf das Verfallspfand, demnach auf die *ὑποθήκη* und nur vielleicht

---

[1] Vgl. für das deutsche Recht Gierke, DPrivR. 2, 821 bei N. 68. Noch der jüngere isländische Wettversatz ist „trotz seiner hypothekarischen Natur“ nicht mehrmals an derselben Sache möglich, Amira, Altnord. OblR. 2, 239. Doppelversatz wird als Doppelverkauf, Kauffuchsigkeit, behandelt, ebd. 226. 231.

[2] [Trotzdem bleibe ich gegenüber Eger 45 bei meiner vorsichtigen Formulierung: „die zweite Hypothek war mindestens wenig beliebt.“ Die Veräußerungsverbote, auf die er sich beruft, um weiter zu gehen, sind eben durchaus nicht so einfach zu beurteilen, daß wir daraus auf die Unmöglichkeit der Nachverpfändung in der Römerzeit schließen dürften.]

auf das ὑπάλλαγμα; gar nicht auf alle übrigen Fälle. Für die letzteren hätten wir eine total andere, freilich naheliegende Rechtfertigung anzunehmen. Soweit dem Gläubiger ein Sachenrecht fehlt, muß erst das μὴ ἐξεῖναι πωλεῖν κτλ. die Gläubigerposition stärken, die Sachen für die Beschlagnahme bereit halten oder, wie im Fall der antichretischen Pacht, in der Nutzung erhalten. Unsere erstversuchte Erklärung ergriff das dingliche Pfandrecht bei seiner Sonderart; es gibt noch andere Möglichkeiten, die bei den Gemeinsamkeiten der Anwartschaftsrechte einsetzen. Die germanistische Literatur hat bisher gerade nur an solche gedacht, und daher zwei verschiedene Theorien hervorgebracht: man setzte die Verfügungsbeschränkungen in Verbindung entweder mit der Beschränkung der dinglichen Klagen oder mit der fehlenden Dinglichkeit des besitzlosen Pfandrechts.

IX. Erklärung aus mangelhafter dinglicher Stellung des Gläubigers?

A. Gab es im griechischen oder ägyptischen Recht Hemmnisse der dinglichen Rechtsverfolgung, die der rechten Gewere und dem Satz: Hand wahre Hand entsprechen? Ausgeschlossen ist dies nicht, wie die Betrachtung des Theophrastischen Traktats (oben I) und des römisch-ägyptischen Archivwesens (oben V) zeigt. Solange wir freilich dort von einer wirklichen Präklusion der Ansprüche, hier von einer Geltung des Vertrauensprinzips nichts wissen, läßt sich mit annähernder Sicherheit höchstens eine beweisrechtliche Inferiorität voraufgehender Pfandrechte annehmen, in Altgriechenland, wenn der Einspruch gegen neue Veräußerungen unterblieb, in Ägypten, wenn ohne ausdrückliche Wahrung des Vorrechts ein neues Recht verbucht wurde. — (Nebenbei möchte ich übrigens auf P. Fay. 12 a. 103 v. Chr. aufmerksam machen Der Kläger erzählt, Übeltäter hätten ihm sein *ἱμάτιον* vom Leibe gerissen und bei der Schankwirtin Melis versetzt; und er habe daher sein Gewand bei ihr mit Zahlung von 2700 Kupferdrachmen durch die Bank des Ptolemaios ausgelöst (l. 22—24). Warum zahlte er? War sein Eigentum am Kleid nicht so klar als er es hinstellt? Oder war die Mobilienverfolgung etwa beschränkt?!) [1]

B. Sollte sich künftig herausstellen, daß eine oder die andere Form der ägyptischen Verpfändungen ihre Geschichte aus der Anweisung zur Exekution herleitet, so wäre dem Verfügungsverbot

---

[1] Vgl. bereits Wenger, Stellvertretung 210 N. 7.

seine Rolle als praktisch gut brauchbare Vorbereitung der Beschlagnahme sicher. Hatte denn aber der eigentliche Versatz ohne Besitz des Gläubigers zu allen Zeiten dingliche Wirkung gegen Dritte, wenn auch nur in demjenigen Maße, welches jeweils dem Eigentum und Besitzpfand zukam (da ja diese Rechte selber nicht von jeher absolut wirkten)? Das ist eine Meinung ohne Beweis und ohne Wahrscheinlichkeit. Wo immer wir in primitive Rechtszustände blicken dürfen, wie z. B. in Indien und bei heutigen Naturvölkern, gibt es nur Besitzpfänder, fiduziarische Übereignungen und Sachhaftungen ohne dingliche Kraft. Im deutschen, englischen Recht usw. griff man zu allen erdenklichen Mitteln, um das bloß anwartschaftliche Recht aus den älteren Typen herauszugestalten. Und bietet nicht das römische Recht das sinnfälligste Beispiel für einen mühevollen Werdegang der Hypothek?

Seit Jahren lehrt Prof. Mitteis in seinen Vorlesungen geradezu, die ursprüngliche römische Hypothek sei nicht Pfand- sondern Beschlagsrecht. Auch nach der in der Literatur vertretenen herrschenden Meinung ist erst mit der actio Serviana das dingliche Pfandrecht hergestellt worden.[1] Das Interdictum Salvianum wirkte nur gegen den Pächter, nicht gegen Dritte.[2] Dieses Interdikt ist aber älter als die actio Serviana, wenngleich die Daten für den prätorischen Schutz der Invektenhypothek jetzt hoch in die Vergangenheit hinauf und der neuesten Lehre vom prätorischen Imperium entsprechend, gewiß nicht mehr hinter die lex Aebutia herunter zu rücken sind. Hier ist also, wenn nicht alles trügt, das Musterbeispiel eines nur gegen den Verpfänder wirksamen Anwartschaftsrechts gegeben. Außer der bekannten Beschränkung des Interdictum Salvianum dürfte übrigens die Invektenhypothek, nach allgemeiner jetziger Ansicht die älteste

---

[1] Vgl. bes. Herzen, Origine 110. 155. 163; Karlowa, RRG. 2, 1280; Perozzi, Istituzioni 1, 515 ff.

[2] Lenel, Z. d. S.-St. 3, 180 ff.; Edictum 2. Aufl. 471; Herzen, Origine 111 ff.

römische Hypothek, ihre Inferiorität an zwei anderen Punkten offenbar machen.

1. Der eine Punkt trifft noch das entwickelte Recht. Noch allen Klassikern und dem Justinianischen Recht gilt die Haftung der Mietobjekte insofern nicht als voll, als die ob pensionem haftenden Sklaven trotz der Interpretation der lex Aelia Sentia (Ps. Dosith. 16) gültig freigelassen werden können, solange nicht Perklusion eingetreten ist. Man könnte sich sogar fragen, ob die letztere Einschränkung in D. 20, 2, l. 9: „scilicet antequam pensionis nomine percludamur (! wir, die Sklaveneigentümer): tunc enim pignoris nomine retenta mancipia non liberabimus“ wirklich von Paulus herrührt, da er unmittelbar darauf Nerva anruft, welcher auch für servi detenti ob pensionem, also nach der Perklusion, von einer Anwendung der lex Aelia Sentia[1] nichts wußte. Aber da Paulus nach den freilich korrupten Eingangsworten der l. 9, und Ulpian D. 20, 2, 6[2] die für das Vermieterpfandrecht gegenüber dem sonstigen geltende Ausnahme auf den Gegensatz zwischen Legal- und Vertragspfandrecht zurückführen und dieser Gegensatz nach der Beschlagnahme keine Rechtfertigung hat, so war wohl die Manumission perkludierter Sklaven für jeden, der den solventen Verpfänder der lex Aelia Sentia unterwarf, ungültig.[3] Genauer gesprochen, kann ja nicht sowohl

---

[1] Dernburg, Pfandr. 2, 14; Mitteis, RPrivR. 61 N. 61.

[2] Manigk, Pfandr. Unters. 38, glaubt, daß schon Nerva denselben Unterschied gemacht hat und daher die gesetzliche Vermieterhypothek bereits kannte; dies scheint mir unhaltbar, wenn man wie M. nicht daran denkt, den Zwischensatz der Stelle zu streichen, aber auch sonst unwahrscheinlich. Manigk faßt offenbar die ganze l. 9 höchst eigenartig auf. Wieso hat denn Nerva „eine von der üblichen Art abweichende Freilassung der Sklaven vorgeschlagen“?

[3] Wieso freilich Dernburg a. O. aus D. 40, 9 l. 5 § 2 a. E. entnehmen kann, daß zu Julians Zeiten „die Erweiterung des Manumissionsverbots auf jeden speziell verpfändeten und detinierten Sklaven feststand“, verstehe ich nicht. Julian wendet die lex Aelia Sentia an, wenn die Sache mit Stipulation versprochen oder zu pignus gegeben ist.

der Charakter dieser Hypothek als gesetzliches Pfand, sondern höchstens als generelles Pfand (C. 7, 8, 3) entschieden haben. Wie immer es aber mit der Zeitgrenze der Ausnahme stehe, so dürfte der Satz des Pomponius: manumissioni non officere ob habitationem obligatum (l. 6 cit.) erst nachträglich zu einer Eigentümlichkeit der General- oder Legalhypothek erweitert worden sein. Er bestand recht eigentlich gerade für die Invekten, deren Haftung nicht der gewöhnlichen Pfandhaftung gleichkam. Für die Freilassungen durch einen Fiskalschuldner gilt ganz dasselbe; ungültig sind sie nach einem Reskript der Divi fratres, D. 40, 9, 11, 1 nur, si cum non erat solvendo in fraudem (fisci) manumisit, nicht wenn er solvent war. Zur Zeit der Divi fratres hatte eben der Fiskus keine echte Legalhypothek, sondern nur eine Art Beschlagsrecht.[1]

2. Der Vermieter übt nach dem Ausdruck der Römer durch das percludere ein Zurückbehalten der Mobilien, eine iusta retentio (Paul. D. 39, 2, 34).[2] Der Verpächter hat auf dem offenen Feld keine ebenso günstige Lage, darum ermöglicht ihm das Salvianum das adprehendere der res coloni. Bis dahin ist er offenbar auch nach der Einführung des Interdikts in einer prekären Situation. Vom Verkäufer einer Ernte nimmt man oft an, er sei tatsächlich besser geschützt gewesen, da er auf dem Grundstück zu wohnen pflegte; ja man schreibt ihm wohl geradezu ein echtes Besitzpfand an den eingebrachten Sachen des Käufers zu.[3] Das letztere scheint mir eine Künstlichkeit. Wir sehen vielmehr aus dem Formular bei Cato de agric. 146, 5 mit dem Verbot: ne quid eorum de fundo deportato, worauf sich die Urhypothek gründete: dem pignus-Besitzpfand stellte sich ein pignus zur Seite, welches statt auf

[1] Mitteis, RPrivR. 373; Pappulias, Z. d. S.-St. 29, 370 ff.

[2] Dernburg, Pfandr. 1, 296.

[3] So z. B. Karlowa, RRG. 2, 610. Herzen, Origine 35 ff. (trotz S. 40). Hiergegen ist das bei Manigk, Pfandr. Unters. 61 ff. betreffs des Verpächters Gesagte verwertbar.

dem Besitz, auf der Festlegung der beweglichen Sachen im Grundstück beruht. Daß auch der wirkliche Besitzpfandgläubiger damals noch keinen possessorischen Schutz gegen Entziehung gehabt habe, ist also aus der Stelle nicht herauszulesen. Wohl aber mag das Anwartschaftsrecht des Hypothekars noch zu Catos Zeit oder aber früher, als das Formular entstand, durch Entfernung der Sachen untergegangen sein. Die Sanktion bei Cato: si quid eorum deportaverit, domini esto, ist freilich nicht ganz unzweideutig. Ob damit etwa ein aus dieser Art eines pignus fließendes Beschlagnahmerecht gemeint war? Bisher hat man es mit Grund vorgezogen, zu glauben, daß die Pfandqualität der Sache erloschen war und die Sache kraft der suspensiv bedingten Übereignung zu Eigentum verfiel oder nach dem Wunsch der Parteien verfallen sollte.[1] Eine solche Eigentumsübertragung ohne Tradition im Rahmen des republikanischen Rechts nimmt sich sonderbar aus.[2] Die Singularität wäre aber erklärt, wenn etwa die Formel „domini esto", so gut lateinisch sie sprachlich ist, aus großgriechischen Formularen übernommen wäre.[3]

---

[1] Von Neuesten z. B. Karlowa, RRG. 2, 610. Girard, Manuel 764 N. 2.

[2] Vgl. Herzen, Origine de l'hyp. 40 und Note ex p. 39.

[3] Ein ganz analoges Beispiel weiß ich freilich nicht, doch vgl. den Pfandverfall im Delphischen Statut über die Stiftung des Königs Attalos II., nach 159 v. Chr., Ditt. Syll. ^{2} 1, 306 p. 483, l. 68 ff.: *τὰ ἐνέχυρα αὐτῶν τᾶς πόλιος ἔστω* (mit Verkaufsrecht der Gläubigerstadt zwecks Feststellung eines *ἐλλεῖπον*, dazu Pappulias 165). Ferner s. die Erbpacht von Herakleia am Siris, Großgriechenland, IG. XIV 645 = Recueil 1, XII, p. 202 l. 108 ff.: *τὰ ἐν τᾶ γᾶ πεφυτευμένα καὶ οἰκοδομημένα πάντα τᾶς πόλιος ἐσσόνται.* Die Anpflanzungen und Wirtschaftsgebäude verfallen der Stadt; nicht, wie oft angenommen wird, die Früchte (richtig die Hsgg. des Recueil p. 233), aber selbst wenn die Früchte gemeint wären, so spräche die Vermutung nach den sonstigen Beispielen (Delos: Partsch, Bürgschaftsrecht 1, 267 N. 2; Papyri: Waszyński, Bodenpacht 1, 144, dazu Oxy. 6, 910 l. 24) für Eigentum des Verpächters, nicht für Beschlagsrecht. (Vgl. freilich auch Aixone, Recueil 1, p. 238; Mitteis, Reichsr. 415.) Endlich beachte man

Mit einem Rechtszustand, wo zur Vorbereitung der künftigen Besitzergreifung die Sachen an ein Grundstück vertragsmäßig gebunden werden, ist übrigens das Interdictum Salvianum selber gar nicht unvereinbar. Es muß nicht notwendig einer späteren Zeit angehören, als das Catonische Blankett. Denn die Besitzergreifung an den Illaten dem Verpfänder gegenüber ist doch praktisch vor allem dann und regelmäßig nur dann glatt durchführbar, wenn die Sachen noch auf dem Grundstück sind. Den Wortlaut des Interdikts kennen wir aber nicht. Bei einer Wendung „quae res in fundum illius illata est" (Lenel, Ed.(2) 471) kann man gerade hauptsächlich an den Fall gedacht haben, daß die Sache noch inferiert ist. Dann wäre das Salvianum erst das richtige Seitenstück zum percludere des Vermieters.

Wüßten wir vom ältesten römischen Besitzpfand selber mehr, so ließe sich dieses Bild der Entwicklung besser ausgestalten namentlich nach der Seite der Vollstreckung hin.[1] Ein Ver-

---

das Edikt von Thisbae aus der Severenzeit, Ditt. Sylloge (2) 2, 533, l. 52: *ἔστω δὲ τῆς πόλεως τὸ χωρίον*, Eigentumsrückfall. — Ist etwa gar die ganze Invektenhypothek aus Griechenland importiert (vgl. die delische *ἱερὰ συγγραφή*, für die jetzt Partsch a. O. echte Hypothek nachgewiesen hat)? Schon die entfernte Möglichkeit ist pikant nach all dem Streit über griechischen Einfluß auf die spätere Entwicklung des römischen besitzlosen Pignus!

[1] Für die herrschende Meinung, daß das pignus ohne pactum de vendendo und lex commissoria nur Bewahrungspfand war (Naber, Mnemosyne 31, 212), spricht gewiß vielerlei, m. E. am meisten Gai. 2, 64, da offenbar die frühklassische Lehre das Verkaufsrecht des Pfandgläubigers als Nichteigentümers merkwürdig fand, und erst die spätere ein jus proprium zum Verkauf anerkannte. Immerhin ist noch nicht erklärt, warum auch pignus so wie die analogen Ausdrücke im griechischen und deutschen Recht Pfand und Wetteinsatz zugleich bedeutet. Ganz gleichgültig, wie unsere Schriftsteller, neuerdings wieder Manigk, Pfandr. Unters. 12 f. (vgl. aber S. 27) glauben, kann dieser Sprachgebrauch kaum sein. Ferner hat das pignus Catos gar nicht das Aussehen eines Pfandes, aus dem der Gläubiger sich nicht befriedigen kann. Und doch fehlt jede weitere Bestimmung zum

äußerungs-, im Gegensatz zum Entfernungsverbot findet sich weder hier noch nachweislich bei den praedia subdita, für die es manche auf Grund von D. 50, 17, 205 behaupten;[1] gesetzt, dieser Text spräche wirklich von praedia subsignata,[2] so würde er gerade im Gegenteil deren Veräußerlichkeit feststellen. Aber Perozzi[3] hat nicht mit Unrecht bemerkt, daß beim Besitzpfand Veräußerungen faktisch so gut wie ausgeschlossen waren, da Manzipation, Injurezession und Tradition die Gegenwart der Sache forderten. Und die Invektenhypothek bot solchen Geschäften ganz ähnliche Hindernisse. Für res mancipi war überdies die den Gläubiger dinglich sichernde Fiducia da.

Daraus ergibt sich für die ägyptischen Klauseln des μὴ ἐξεῖναι usw. die Möglichkeit: daß dieselben eine Funktion in der Entwicklung der Hypothek hatten, indem sie gerade erst den Schutz des Pfandgläubigers gegen Dritte herstellten. Dies würde voraussetzen, daß die Veräußerungsverbote durch Vertrag oder Gesetz früher zu dinglicher Wirksamkeit gelangten, als das Pfandrecht selber. Das stärkste Argument hierfür liegt in der gleichlautenden Formel aller der oben im Abschnitt II vorgeführten Geschäfte. Ja, jene Einförmigkeit der Verfügungsbeschränkungen, welche uns die Erklärung der einzelnen Sicherungstypen so sehr erschwerte, ginge dann auf einen inneren Grund von großer geschichtlicher Potenz zurück. Die gortynische Gleich-

---

pignori sunto. Und hat für das Interdictum Salvianum wirklich nicht gegolten, was Keller, Richters Krit. Jahrb. 22, 978 annahm? — dadurch „verschaffte sich der Gläubiger den Besitz der Pfänder und die Möglichkeit der Befriedigung" („durch deren Verkauf" meint Keller; aber das steht natürlich ganz dahin).

[1] Peltier, De la caution praedibus praediisque, Thèse Paris 1893, 66—68. Auch Karlowa und Zimmermann hatten ähnliche Ansichten. Dagegen Viard, Le praes, Thèse Dijon 1907, 133—136.

[2] So allerdings auch Lenel, Paling. Pomp. 324; Manigk, Unters. 58.

[3] Istituzioni 1, 515.

stellung des verpfändeten und des streitigen Sklaven würde auf der Verfangenschaft beruhen. Mit der vorgeschrittenen attischen Hypothek wage ich freilich beim heutigen Quellenstand diese Hypothese gar nicht auseinander zu setzen.

C. Aus den Papyri ist derzeit für eine mangelhafte Wirksamkeit der Pfandrechte gegenüber Dritten, auf welche sowohl der Mangel der Verfolgbarkeit gewisser dinglicher Ansprüche (A), als der Mangel des anwartschaftlichen Rechts (B) hinausläuft, nichts zu ersehen. Doch ist auch das Gegenteil einstweilen nicht erweisbar. — Man könnte[1] zwar an P. Flor. 56, 6—10 denken wollen. Der Statthalter bewilligt der Gläubigerin die Embateusis in das *ὑπάλλαγμα* gegen deren Eid, das ... „nichts entgegenstehendes verfügt worden ist" (*καὶ μηδὲν ὑπεναντίον ᾠκον[ομῆσθ]αι*, wonach auch BGU. IV 1038, 13 zu ergänzen ist: *καὶ μηδ[ὲν ὑπ]εναντίον ᾠκονομ[ῆσθαι]*. Mitteis[2] hält es für denkbar, daß dies auf mittlerweiligen Dritterwerb gehe, der sonach die Pfandvollstreckung hindern würde. Doch müssen wir natürlich zögern, diese Möglichkeit für uns auszunützen. Es könnte einfach gemeint sein, daß bei Dritterwerb die actio hypothecaria gegen den Besitzer angestellt werden muß. — Kein rechtes Argument pro oder contra ergeben auch die Zusicherungen in den Kaufverträgen betreffs der Lastenfreiheit der Sache. Haben eingetragene Drittrechte die Eintragung des Käufers verhindert oder erschwert, so erklärt sich schon daraus allein die ausdrückliche Haftungsübernahme des Verkäufers, ganz abgesehen von der Notwendigkeit, in Kaufverträgen festzustellen, wieviel der Käufer an Lasten übernimmt und wieviel den Verkäufer trifft. Übrigens wachsen diese Garantien erst im Laufe der Kaiserzeit an Umfang an, und ich würde eine Schlechterstellung anwartschaftlicher Rechte vor römischen Gerichten überhaupt für höchst unwahrscheinlich

---

[1] Über unaufgeklärte Andeutungen in BGU 832 und Teb. 488 vgl. oben S. 22 N. 1.

[2] Z. d. S.-St. 27, 346 N. 2.

halten. Haben die Veräußerungsverbote in der Geschichte der gewerelosen Pfandrechte eine Rolle innegehabt, so muß sie in der Römerzeit überholt gewesen sein. Haben sie das Pfandrecht einstmals unterstützt, so konnten sie dessen Inhalt jetzt gewiß nur höchstens umschreiben. Eine Kombination der oben VIII erörterten Theorie mit der soeben dargestellten wäre also auch nicht unmöglich.

Immerhin darf ich zum Schluß auf eine auffallende Erscheinung aufmerksam machen. Noch zu Ende des 3. Jahrhunderts nach Chr. muß im Osten der Rechtssatz, ein Pfandrecht könne durch Veräußerung der Sache an einen Dritten vernichtet werden, seine Spuren gelassen haben. Dies ist mit demselben Recht und aus denselben Quellen zu erschließen, wie die Fortdauer der volksrechtlichen Anschauungen über die Schriftform der Verträge, direkte Stellvertretung,[1] Haftung des Legatars für Schulden[2], Liberationsrecht des Bürgen[3] und hundert andere Dinge — aus den Entscheidungen Diokletians, welchen wir im selben Jahr 293 dreimal, dabei zweimal an Griechen, reskribieren sehen:

C. J. 8, 13, 15 Basilidae. Debitorem neque vendentem neque donantem neque legantem [vel per fideicommissum relinquentem?] posse deteriorem facere creditoris condicionem certissimum est. unde si tibi obligatam rem probare posse confidis, pignora persequi debes.

C. J. 8, 25, 10 Quintillae. Res pignoris hypothecaeve iure creditoribus obnoxias citra consensum eorum debitores alienantes praecedentem non dissolvunt obligationem.

C. J. 8, 27, 12 Zotico. Si debitor rem tibi iure pignoris obligatam te non consentiente distraxit, dominium cum sua causa transtulit ad emptorem.

---

[1] Wenger, Stellvertretung 159; Mitteis, Z. d. S.-St. 28, 482; Partsch, Arch. f. Pap. F. 4, 501.

[2] Partsch, Griech. Bürgschaftsrecht 245/6 N. 3.

[3] Ebd. 285.

Vielleicht gehört in diesen Zusammenhang auch, wie mir Partsch dazu mit Recht bemerkt, daß die Diokletianische Kanzlei in C. 8, 13, 14 a. 293 und C. 4, 10, 14 a. 294 (Hermodoto et Nicomacho) das non incertum ius verkünden muß: der Pfandgläubiger dürfe sowohl die dingliche Klage gegen den Dritterwerber als die persönliche gegen den Schuldner anstellen.

Der hier mit gewohnter Entrüstung von der kaiserlichen Kanzlei abgelehnten Anschauung mochten die Einrichtungen der Grundbuchämter künstlich das Leben verlängert haben. Auch ein Gegensatz zu der Ansprüche präkludierenden Wirkung der distractio durch den Fiskus (C. 8, 25, 6) und zur remissio pignoris durch Konsens des Gläubigers zum Verkauf mag hereinspielen. Aber die Anschauung selber ist ebenso klar wiedergegeben als ihr wiederholter Ausdruck für jeden, der unter dem romanistischen System lebt, befremdlich.[1]

Wir landeten im Gebiet der freien Hypothesen. Als solche erkannt, haben auch die Vermutungen, wie die Romanisten leider am besten wissen, ihre Berechtigung. Und willkürlich dürften die hier vorgetragenen nicht zu nennen sein. Möge, was die Vertragsformulare „uns erzählen“, durch neue Entdeckungen im dinglichen Prozeß Griechenlands und Ägyptens seine Widerlegung oder Bekräftigung erfahren!

[1] Gewiß nicht ebenso für den Römer Selbstverständliches sagt Paulus D. 13, 7, l. 18 § 2 Satz 1. Vielmehr spricht er, nach dem Zusammenhang mit § 1 und § 2 Satz 2 zu schließen, von der nach der Verpfändung adkreszierenden „causa pignoris“. Dieser Sinn ist klar, mag der Text echt sein oder etwa verkürzt.

ANHANG

EINE HYPOTHEKARURKUNDE AUS DER ZEIT HADRIANS

Da ich mich in der vorstehenden Abhandlung mehrfach auf eine im Besitz der Basler Öffentlichen Bibliothek befindliche Pfandurkunde bezogen habe, so ist es in der Ordnung, dieselbe schon jetzt den Beteiligten zu übergeben, während die andern Stücke der kleinen Sammlung in absehbarer Zeit gemeinsam veröffentlicht werden sollen. Sehr verpflichtet bin ich Herrn Telegraphendirektor Dr. Preisigke in Straßburg, der die Güte hatte, meine Transkription am Original zu prüfen und nachzubessern und namentlich, was auch andern besonders wertvoll sein dürfte, die Mitverantwortung für die Lesung der Zeile 18 zu übernehmen.

Wir besaßen bis jetzt aus dem Fayûm keine einzige *ὑποθήκη* und selbst an verwandten Urkunden ausschließlich das kurzgefaßte *ὑπάλλαγμα* Lond. 2 p. 219; denn BGU 741 betrifft zwar eine Verpfändung von Grundstücken im Herakleides-Bezirk des arsinoitischen Gaus, ist aber als *συγχώρησις* in Alexandria verfaßt.

Pap. Basil. Inv. Nr. 7. Unveröffentlicht. — Fayûm.

Höhe 17,2 cm, Breite 10,7—12,8 cm. Oberer und unterer Rand erhalten, linker Rand in der Breite etwa der Hälfte abgebrochen; im l. 5—14 und 19—25 fehlen mindestens 40 Buchstaben, in l. 3/4 noch ungefähr 8 und in l. 15—18 noch 5/6 Buchstaben mehr. Rechtsseitig ist der Text der Kolumne vollständig. Steile Kursive einer Kanzleihand, mit stellenweisen Verschleifungen. Die Schrift läuft längs der Querfasern. Auf dem Verso Spuren einer früheren Schrift. Wahrscheinlich ist auch das Recto bereits früher benutzt und abgewaschen gewesen.

Die Ortsangabe ist nicht erhalten. Doch wissen wir aus Z. 2]. *οείτον νομοῦ*, daß der Vertrag im Fayûm aufgenommen ist. Auch sind die Namen der auftretenden Personen dort ganz gewöhnlich; namentlich finden sich Träger dieser Namen in Soknopaiou Nesos, vgl. bes. BGU 853 vom 2. Jahrh., wo ein Mysthos, Apynchis, Panephremmis, Satabous und Pakysis vereinigt sind, ferner BGU 217, Reinach 46 u. v. a.

Tapiamis, die Tochter des Apynchis leiht am 1. Phamenoth von Pakysis dem Sohn des Satabous 2100 Silberdrachmen gegen den üblichen Zins von 12% jährlich, rückzahlbar im Mecheir, also bis zum letzten Tag des Mecheir des nächsten Jahres, demnach auf 1 Jahr. Zur Sicherung bestellt sie eine Hypothek auf ihrem l. 8—10 näher beschriebenen, in der Bibliothek ihr zugeschriebenen Grundbesitz. Über die von ihr übernommene Gewährleistungspflicht und Dispositionsbeschränkung s. oben S. 31 und S. 68. Dem Gedanken nach entsprechen die betreffenden Klauseln dem Gebräuchlichen; dem Ausdruck nach weichen sie von dem uns bisher einzig bekannten Hermopolitanischen Hypothekenformular ab. Das Verfügungsverbot l. 15 ist mit *εἰς τὸ*, offenbar = *ἐφ' ᾧ*, eingeleitet und vor die Verfallklausel gestellt, die Bebaiosis-Klausel erscheint voller und ausführlicher als bei den Hypotheken aus Hermupolis und durchaus dem Kaufformular nachgebildet.

Eigenartig gefaßt ist auch die Verfallsabrede selbst. Daß von dieser in den Zeilen 17—19 die Rede ist, unterliegt keinem Zweifel. Die Ergänzung aber ist schwer, da eben kein analoges Stück bisher bekannt ist. Zum erstenmal ist, nachdem wir öfter von den *νόμιμα τῆς ὑποθήκης* gehört haben, d. h. dem gesetzlichen Verfahren zur Vollstreckung der Hypothek, hier nun ausdrücklich der *νόμοι τῶν ὑποθηκῶν* gedacht, die sich damit den *νόμοι τῶν παραθηκῶν* (z. B. Lond. 2, p. 206, l. 19 a. 124; BGU 729, 16; 637, 6; 856, 19 [Nachtrag S. 6], Lond. 3, p. 175, l. 9) und *ἀρρα-*

βώνων (BGU 446, 17) zur Seite stellen[1]; nach dem ersteren schuldet der Depositar bei ausbleibender Rückgabe das Doppelte des Hinterlegungsbetrags (vgl. bes. Lond. 2 p. 206, 19), nach dem letzteren der die *καταγραφὴ* verweigernde Verkäufer das Doppelte der von ihm erhaltenen Arrha. In allen Fällen sind die gesetzmäßigen Folgen des Vertrags gemeint. Aber ob wir es mit kodifizierten Bestimmungen oder mit Gewohnheitsrecht zu tun haben, ist noch unaufgeklärt.

Besonderes Interesse kommt den Worten in l. 18 zu: *χω]ρ̣ὶς διαστολῆς καὶ ἐ̣πα̣νγε̣λ̣είας*. Die Lesung scheint ziemlich sicher, trotzdem der Passus nicht gerade leicht lesbar genannt werden kann. *Διαστολή* kennen wir meist als Einzelnachweis oder Einzelbestimmung. Hier würde man das *διαστολικόν* erwarten, von dessen Einholung in P. Flor. 1, l. 6; 81, l. 11; Straßb. 52, 7 der Pfandgläubiger vertragsmäßig dispensiert wird. Darunter dürfte, wie Koschaker Z. d. S. St. 29, 29 mit Recht meint, der Bescheid vermutlich des Archidikastes verstanden sein, womit die mit *ἐμβαδεία* drohende Mahnklage dem Beklagten zugestellt und dadurch regulär die Exekution in das Pfand eingeleitet wird. Dafür spricht P. Oxy 68, l. 32f. In demselben Stück l. 36 heißt aber die Eingabe des gegen das *διαστολικὸν* Widerspruch erhebenden, ebenfalls nur um Zustellung ersuchenden Exekuten *διαστολή*, und ebenso in BGU 614, l. 28 die Eingabe an den Archidikastes, womit der Kläger bittet, seine Klage dem Beklagten durch den Strategen zustellen zu lassen. Es scheint, daß der Stratege l. 6 eod. dieselbe mit der Bewilligung des Archidikastes versehene Eingabe *διαστολικόν* nennt. Dieser Papyrus stammt aus dem Fayûm vom J. 217. Dahingestellt, wie das Wort zur Bedeutung Schriftsatz kommt — ob als „ausführliche Auseinandersetzung“, vgl. Graden-

---

[1] Nichts zu tun haben natürlich hier die *νόμοι ἐξαλλοτριώσεων σωμάτων*, BGU 913, 6 (Lykien) und *ταύτης τῆς πράσεως* P. Paris p. 257, 3 (ca. 600). Dagegen könnte man sich des ägyptischen *νόμος βεβαιώσεως* erinnern, von dem im Hermiasprozeß, P. Tor. pag. 4 l. 21 ein Stück verlesen wird.

witz, Archiv f. Pap. F. 2, 116 N. 1 oder sonstwie, vgl. noch den merkwürdigen Passus P. Oxy 719, 31 —, unsere Lesung dürfte damit ihren guten Sinn erhalten. Auch die ἐπαγγελία ist neu, kann aber nichts anderes bedeuten als „Ansage“. So heißt in Athen die Ankündigung der δοκιμασία (vgl. neuestens dazu Lipsius, Att. Recht u. Gerichtsverf. 278f.). In P. Lond. 2, p. 149, l. 13, a. 15 ist die behördliche Ladung als ἐπαγγέλλειν παρεῖναι bezeichnet, falls die Ergänzung [ἐπή]γγειλα des Herausgebers die einzig mögliche ist; dies dürfte in dem betreffenden Fall eher eine Benachrichtigung von der bevorstehenden Beweisaufnahme beim delegierten Richter als einen Befehl darstellen. Jedenfalls ist ἐπαγγέλλειν aber sonst in den Papyri ein Ansagen, Versprechen oder Drohen, vgl. für letzteres Amh. 78, 18; Oxy 237, VI 19, für ersteres Teb 2, 411, 9; Oxy 71, I 8; Oxy 904, l. 3; überhaupt Lond. 1, p. 13, l. 8. 12. Und da die ἐπαγγελία in unserem Stück die Stelle einnimmt, welche in den oben angeführten Parallelurkunden aus Hermupolis die ἀνανέωσις hat, so gewinnt die Vermutung Wesselys und Koschakers (a. O. 30 N. ex p. 29) an Wahrscheinlichkeit, daß das letztere die „Mahnung“ sei, während nun hier die in der einleitenden Eingabe enthaltene Drohung hervorgehoben wird. Demgemäß wird der Pfandgläubiger von der gerichtlichen Mahnung und Androhung der Folgen weiterer Säumnis befreit. Er darf sofort die Exekution selbst durchführen, von deren weiterer Gestaltung wir nur gerade bei der ὑποθήκη bisher recht schlecht unterrichtet sind. Flor. 86, 18. BGU 832, 12 verb. l. 22 berichten nur über jene erste Eingabe. Im Weiteren (vgl. Oxy. 274, 20 ff.) hat der Gläubiger vielleicht die Behörde weniger gebraucht als beim ὑπάλλαγμα, schwerlich aber ganz umgehen dürfen.

Die Ergänzungen können bei dem großen Umfang des fehlenden Teils nur ungefähr getroffen werden und keinen andern Anspruch erheben, als das Verständnis des Inhalts zu erleichtern. Die ganz unsicheren sind durch Kursivschrift kenntlich gemacht.

1 [Ἔτους x Αὐτοκράτορος Καίσαρος Τραιανοῦ Ἁ]δριανοῦ Σεβαστοῦ μηνὸς Ἀρτεμισίου ᾱ Φαμενὼθ ᾱ ἐν

2 [μερίδος τοῦ Ἀρσι]ν̣οείτου νομοῦ. Ομολογεῖ Ταπιᾶμις Ἀπύγχεως Πρόκλου

3 [ἀπὸ κώμης] τόπων Ξ̣α̣ι̣κ̣ίνων μετὰ κυρίου τοῦ ἑαυτῆς υἱοῦ Στοτο-

4 [ητ . . .] Πακύσι Σαταβοῦτ(ος) τοῦ Μύσθου (ὡς ἐτῶν) μ οὐλ(ὴ) δακτύλ(ῳ)

5 [ἔχειν παρ' αὐτοῦ τὴν ὁ]μολογοῦσαν παραχρῆμα διὰ χιρὸς [ἐ]ξ οἴκου ἀργυρίου ἐπισή-

6 [μου *κεφαλαίου* — — *νομίσματος* — — δρα]χμὰς δισχειλίας ἑ̣κατὸν τόκου δραχμῆς τῆς μνᾶς κ̣α̣τ̣ὰ

7 [μῆνα ἕκαστον ἐφ' ὑποθήκῃ ὧν ἀπεγράψατο διὰ τῆς τῶν ἐγκ]τήσεων β̣[ι]βλιοθήκ[η]ς̣ τῶν ὑπαρχόντων αὐτῇ ἐν τῇ προ-

8 [κειμένῃ κώμῃ *ἐδαφῶν, ἐν οἷς* . . . .] καὶ αὐλή, καὶ καταλυμάτ[ω]ν δύο καὶ αὐλῶ̣ν̣ δ̣[ύο] ἀνὰ μέσον

9 [ ]ο̣ν̣των π[. . .] τ⟦. . .⟧ . . . . ασισ̣ . . . ων, γ̣ε̣ίτονες̣ τ̣ῶ̣ν̣ ὅ̣λ̣ω̣ν̣

10 [νότου *τοῦ δεῖνος* οἰκ]ία καὶ αὐλή, βορρᾶ Πανεφρέμμεως τοῦ Ὀ̣ν̣νώφρεως οἰκία

11 [*τοῦ* ο]υ οἰκία καὶ αὐλή, λιβὸς καὶ ἀπηλιώτου ῥ̣[ύ]μη βασιλική, ἐπὶ δὲ

12 [*τοῖς ἐνοῦσι θεμελίοις καὶ τείχεσι καὶ χρήσεσι πάσ?*]αις καὶ πηχισμοῖς καὶ τῃ οὔσῃ διαθέσι ἀκ̣[ο]λούθως τ̣α̣ῖς

13 [*εἰς αὐτὴν γεγονυίαις καταγραφαῖς*. Τὴν δὲ ἀπόδοσιν] π̣οιήσθω ἡ ὁμολογοῦσα Ταπιᾶμις τῷ Πα[κύ]σι τάς τε

14 [*τοῦ κεφαλαίου ἀργυρίου ἐπισήμου* δραχμὰς δισχειλία]ς ἑκατὸν καὶ τοὺς τόκους ἐν μηνὶ Μεχεὶρ τοῦ ἰσιόντος

15 [— — x — — ἔτους τοῦ κυρίου ἡμῶν Ἁδ]ρ̣ιανοῦ Σεβαστοῦ, εἰς τὸ μὴ ἐξεῖναι αὐτῇ πωλεῖν μηδὲ

16 [ὑποτίθεσθαι ἑτέροις μηδ' ἄλλως καταχρηματίζειν ἄχρι οὗ ἀ]ποδώσι ἡ ὁμολογοῦσα Ταπιᾶμις τῷ Πακύσι

17 [*τὰς τοῦ προκ(ειμένου)κεφαλαίου δραχμὰς ἐκ πλήρους*. Ἐὰν δὲ μὴ] ἀποδῶ̣ι ἡ ὁμολογοῦσα Τ̣α̣[π]ιᾶμις [ἐ]ν τῇ ὁρισ-

18 [θείσῃ προθεσμίᾳ, *ἐξεῖναι τῷ Πακύσι* . . . . χω]ρ̣ὶς διαστολῆς καὶ ἐ̣π̣α̣νγ̣ε̣λ̣είας τ̣ῶ̣ν̣ τῆς ὑποθήκης

19 [πάντων καὶ . . . . ἀκολούθως τ]οῖ[ς] ν̣όμοις τῶν ὑποθηκῶν, καὶ βεβαιώσιν τὴν ὁμογολοῦ-

20 [σαν Ταπιᾶμιν καὶ τοὺς παρ' αὐτῆς τῷ Πακύσι καὶ τ]ο̣ῖς παρ' αὐτοῦ τὰ κατὰ τὴν ὑποθήκην [τ]αύτην πάσῃ βεβαιώ(σει)

21 [καὶ παρέξασθαι αὐτὴν τὴν ὑποθήκην ἀπέπαφον καὶ ἀνενε]χ̣ύραστον καὶ ἀνεπιδάνιστον καὶ καθαρὰν ἀπὸ ἐπιγραφῶν

22 [πασῶν *καὶ δημοσίων τελεσμάτων πάντων* ἀπὸ τῶν ἔμπροσ]θεν χρόνων μέχρι τῆς ἐνεστώσης ἡμέρας ἐπὶ τὸν ἅπαντα

23 [χρόνον *καὶ ἀπὸ ἰδιωτικῶν καὶ παντὸς ὀφιλήματος* καὶ ἐν]ποιήσεως ἐπὶ τὸν ἅπαντα χρόνον, μενούσης κυρίας

24 [*τῆς ὑποθήκης, γενομένης δὲ* τῷ Πακύσι τῆς πράξεως ἔκ τε τῆ]ς ὁμολογούσης καὶ ἐκ τῶν ὑπαρχόντων [α]ὐτῇ πάντων καθά-

25 [περ ἐκ δίκης. *Ἡ ὁμολογία κυρία* . . . . καὶ εὐδ]ο̣κε̣ῖ̣ ὁ ἐπιγραφάμενος αὐτῆς κύριος καὶ υἱὸς τοῦ αὐτοῦ sic

Col. II [Στοτοητ . . .

Übersetzung.

Im Jahre x des Imperator Caesar Trajanus Hadrianus Augustus am 1. Artemisios = 1. Phamenoth in — im Arsinoitischen Gau. Es erklärt Tapiamis Tochter des Apynchis, Enkelin des Proklos aus -- mit ihrem Vogt, ihrem Sohne Stoto . . . . — dem Pakysis, Sohn des Satabous, Enkel des Mysthos, etwa 40 Jahre alt, Narbe am Finger —: [sie habe empfangen von ihm] von Hand zu Hand in bar — Silberdrachmen 2100 zum Zins von einer Drachme für die Mine per Monat, mit Hypothek der [von ihr zum] Besitzarchiv [einbekannten], ihr gehörigen, im oben genannten Dorf belegenen — Grundstücke — und zweier Wohnungen (Herbergen?) und zweier Höfe inmitten — —; Nachbarn des ganzen Komplexes im Süden Haus und Hof des —, im Norden des Panephremmis, Sohnes des Onnophris Haus —, im Westen und Osten die Staatsstraße; mit den [Grundmauern usw.] und Grundfläche und in dem vorhandenen Zustand gemäß der zu ihren Gunsten erfolgten Eintragungsurkunden. Die Rückzahlung wird die Schuldnerin Tapiamis dem Pakysis leisten, u. z. sowohl den Kapitalsbetrag von 2100 Silberdrachmen als die Zinsen (sic), im Monat Mecheir des nächsten Jahres. Sie darf nicht verkaufen noch [andern verpfänden noch sonst verfügen bis] sie, die Schuldnerin, dem Pakysis [dies Geld leistet.] Zahlt sie aber nicht in der vorgeschriebenen [Frist, so soll dem Pakysis freistehen, Eigentum und Besitz?] ohne Schriftsatz (mit Mahnung) und Ankündigung von der Hypothek [zu ergreifen und darüber zu schalten?] gemäß des Rechtes der Hypotheken, und sie und ihre Rechtsnachfolger werden Gewähr leisten dem Pakysis und seinen Rechtsnachfolgern für diese Hypothezierung mit jedem Schutz und sie wird die Pfandsache gewähren als unbelastet und unverpfändet und unbeliehen und frei von allen Auflagen [und öffentlichen Abgaben] von jeher bis zum heutigen Tage auf ewige Zeiten [und privaten

Lasten] und jeglicher Ansprache auf ewige Zeiten, und dabei soll die Hypothek gültig bleiben. Dem Pakysis steht die Zwangsvollstreckung zu aus der Schuldnerin und ihrem ganzen Vermögen wie nach Urteil. [Die Urkunde gilt in — facher Ausfertigung,] und es erklärt die Zustimmung ihr beitretender Vogt und Sohn Stoto—.

Anmerkungen.

l. 3. Ein *τόπος* ähnlichen Namens ist unbekannt.

l. 6. Das *νόμισμα* wird wohl näher beschrieben gewesen sein, z. B. *Σεβαστοῦ*, wie oft, *δοκίμου* (BGU 911, 11) od. ähnl.

l. 7. Die versuchte Ergänzung paßt schlecht zu *τῶν ὑπαρχόντων*; ich weiß aber keine andere. Ist *τῶν* zu streichen?

l. 8. Statt der vorgeschlagenen Ergänzung ließe sich auch denken, daß *αὐλή* am Anfang der Zeile verschrieben ist für *αὐλῆ⟨ς⟩*. Doch ist vor *καὶ* am Anfang ein Endstrich wie von einem *α*, *ν* oder *ς* erhalten, und da der Schreiber das *ς* nach links zu ziehen pflegt, so dürfte *οἰκί]α* oder *αἴθριο]ν* dagestanden haben. — Zu *καταλύματα* vgl. P. Par. 34, 5; P. Stud. Pal. II p. 29 V, Otto, Priester und Tempel 1, 284 f.; 2, 194. 197 N. 3. Was das Wort in P. Petrie III p. 46 (d) l. 14 bedeutet, ist wohl zweifelhaft.

l. 9. Nach dem *τ* sind 2—3 Buchstaben absichtlich ausgelöscht, darüber unleserliche Spuren.

l. 12. Vgl. P. Straßburg 9 l. 8 mit den vom Hsg. angegebenen Parallelen. In l. 9 daselbst ist natürlich *ἐφ' οἷς ὁ* od. ähnl. vor *ἔγγρ]αφος χρηματισμὸς* zu ergänzen.

l. 13 a. A. Ergänzung nach P. Fayum 100 l. 13 [*ἀκ*]*ολούθως ταῖς γεγονυίαις εἰς ạὐ*[*τὰς*] | [..]. *ίαις καταγραφαῖς*; Oxy. 2, 268 l. 21 *οὗ ἐπρίατο* — *μέρους αἰθρίου ἀκολούθως τῇ εἰς αὐτὸν* [*γεγονυίᾳ καταγραφῇ*]; Oxy. 2, 306 *ἧς ἠγόρασεν παρ' αὐτοῦ οἰ*[*κ*]*ί*[*α*]*ς*, *ἀκολούθως τῇ εἰς αὐτ*[*ὸ*]*ν γεγονυίᾳ κα*[*ταγ*]*ραφῇ*. Hierzu vgl. aber noch P. Oxy. 1, 100 *πεπρακέναι* — *ἀπὸ τῶν ὑπαρχόντων* — *ψιλῶν τόπων βείκους τέσσαρας, ὧν ἡ τοποθεσία καὶ τὸ κατ' ἄνεμον διὰ τῆς καταγραφῆς δεδήλωται*. Was *καταγραφή* genau bedeutet, ist bestritten. Vgl. Eger, Grundbuchwesen 110 N. 1 und 2. Ich halte an meiner Erklärung (Z. d. S.-St. 28, 360 N. 5) fest, daß καταγράφειν registrieren heißt, was für die hellenistischen Inschriften meist[1] evident ist — vgl. die Wörterbücher und z. B. Recueil des inscr. jur. gr. 1, p. 246 l. 5; 244 l. 12 — und für die Papyri nicht minder sicher scheint (Belege a. O. und bei Lewald, Beiträge 62, welcher meiner Auffassung zustimmt), jedenfalls aber nicht „beurkunden" bedeutet, wie Koschaker, Z. d. S.-St. 28, 289f. will und Eger 144 für möglich hält, und daß καταγραφή bald die Registrierung bzw. das Registrierte selber ist, bald die Urkunde, auf Grund deren die Eintragung erfolgt. Inwiefern dies bei der Registrierung in die βιβλιοθήκη ἐγκτήσεων „die Kaufurkunde" sein kann — welche? —, bedarf einer weitergreifenden Untersuchung, die ich mir vorbehalte. Einstweilen sei auf die stereotype Garantie der παραχωρήσεις in den Rainer-Papyri (CPR. S. 14) hingewiesen: καὶ παρέξεται αὐτῷ ταύτας καθαρὰς ἀπό τε οὐσιακῆς καὶ βασιλικῆς γῆς καὶ πάσης καταγραφῆς παντὸς εἴδους καὶ ἀπό τε ἄλλων παραχωρήσεων ἢ ἑτέρων οἰκονομιῶν, wo so viel klar ist, daß die „andern" Verfügungen im Gegensatz zur vorliegenden Abtretung stehen und daß die καταγραφαί, welche nicht zu diesen Verfügungen, sondern zu den Lasten gestellt sind, keine Kaufurkunden sein können.

l. 15. Vgl. oben S. 30f. 100.

l. 18f. In Zeile 18 erwartet man vor dem χωρὶς eine Erlaubnis entweder zur bücherlichen Umschreibung, entsprechend dem μετεπιγραφῆναι beim κλῆρος κατοικικός P. Straßb. 52, 7, oder zur Besitznahme, etwa: κυριεύειν καὶ κρατεῖν. In l. 19 könnte letzteres oder etwa χρᾶσθαι καὶ οἰκονομεῖν περὶ αὐτῶν κτλ. gestanden haben.

l. 21. Zu ἀνέπαφος, das sicher in der Lücke stand, vgl. Kübler, Z. d. S.-St. 29, 476ff.

[1] An sich kann das καταγράφειν auch bloß das Aufschreiben, z. B. eines Rechtsgeschäfts auf eine Stele sein, ebenso wie das oft gebrauchte ἀναγράφειν. Auf diese Bedeutung geht m. E. die Wendung „καταγράφω den Sklaven in den Schutz des Gottes" in den Freilassungen von Badinlar (Journal hell. stud. 1887, 377, dazu Calderini, La Manomissione etc., 1908, 78 N. 3 105. 144) zurück.

l. 22f. machen offenbar denselben Unterschied zwischen den öffentlichen Lasten, die der Erwerber vom laufenden oder nächsten Jahr oder vom heutigen Tag an übernimmt, und den privaten, für deren Abwesenheit der Veräußerer überhaupt (*διὰ παντός* BGU 193, 20; 542, 16; 1049, 17) oder auf immer (*ἐπὶ τὸν ἅπαντα χρόνον*) einsteht, wie im Parachoresis-Formular (CPR. 4 l. 18; 1 l. 15; 188 l. 14; BGU 542 l. 16; 883 l. 9), aber auch bei Verkäufen z. B. BGU 193 l. 20 a. 136; CPR. 223 l. 18, Hadrian; BGU 1049 l. 15 a. 342. Die ganze Klausel muß sogar aus diesen Formularen abgeschrieben sein, da die Verpfänderin betreffs der öffentlichen Lasten nur bis heute, *μέχρι τῆς ἐνεστώσης ἡμέρας* haften soll, während der Pfandgläubiger doch erst bei Verfall in den Besitz kommt und natürlich erst dann die Lasten übernehmen will. Das Richtige hat Oxy. 506, 39: [*ἀπὸ τῶν ἐπ*]*άνω χρόνων μέχρι τοῦ τῆς κυρείας χρόν*[*ου*. Diesen Schnitzer scheint der Verfasser sofort selbst zu merken und fügt widerspruchsvoll genug noch das *ἐπὶ τὸν ἅπαντα χρόνον* hinzu. Wie die Parallelen deutlich zeigen, ist der Sinn sonst keineswegs, daß etwa die Gewährleistung ewig dauern, eine aeterna auctoritas sein solle, sondern daß niemals eine Eviktion hervorkommen werde.

l. 23. An *μενούσης κυρίας* kann man nicht unmittelbar *τῆς πράξεως* anschließen, da eine solche Einleitung der Exekutivklausel uns m. W. nie begegnet. Vielmehr liegt offenbar eine Wendung vor wie in BGU 297 (a. 50, Fayûm), 19—21: *μὴ ἐπελεύσασθαι — μενούσης κυρίας τῆς τοῦ τροφίμου ὁμολογίας*, und in P. Lond. 3 p. 162 (a. 212) l. 26: *ἀποστήσ(ε)ιν — χωρὶς τοῦ κυρίαν μένειν τήνδε τὴν πρᾶσιν*. Dies sind eigentümliche und sinnlose Verkürzungen aus der Klausel, wonach wegen mangelhafter Gewährleistung eine Vertragsstrafe gezahlt werden und „trotzdem“ der Vertrag „aufrecht“ stehen soll. Diese Klausel weist in eine Zeit zurück, wo die Entrichtung der Konventionalstrafe noch von der ferneren Haftung aus dem Vertrag befreite. Mit dem Entschwinden der Grundanschauung verlor sich sichtlich auch das Verständnis für die dauernd fortgeschleppte Klausel.

l. 25. Zum *ἐπιγράφεσθαι* (Medium) des *κύριος* s. Weiss, Arch. für Pap. F. 4, 49/90.

Quellenregister.

IG = Inscriptiones Graecae.
Inscr. jur. gr. = Recueil des inscriptions juridiques grecques, ed. Dareste, Haussoullier, Reinach.
Or. Gr. = Dittenberger, Orientis Graeci Inscriptiones Selectae.
Syll. = Dittenberger, Sylloge inscriptionum graecarum, ed. 2.
Die Papyri nach Wilckens Bezeichnung im Archiv für Papyrusforschung.

Druck von Metzger & Wittig in Leipzig.

www.ingramcontent.com/pod-product-compliance
Lightning Source LLC
LaVergne TN
LVHW042246300926
849161LV00003B/487

* 9 7 8 3 1 1 2 6 2 7 3 3 4 *